U0111820

大展好書　好書大展
品嘗好書　冠群可期

大展好書　好書大展

品嘗好書　冠群可期

武學釋典 25

太極拳的奧秘

余功保　編著

大展出版社有限公司

前　言

太極拳不神秘

21世紀初，曾組織拍攝出版了一部太極拳系列紀錄片《太極拳大揭秘》，受到廣泛歡迎。本書即以該片的訪談、解說詞文字稿爲基礎，進行增編、修訂而成。

該紀錄片中的名家論拳一切從實際出發，不說套話、空話，且語言生動，充滿個性。對於同一個問題，不同拳家從各自流派的理法要領出發，分別闡述，給讀者提供了一個多角度體會太極拳內核的方便條件，這是它廣受歡迎的重要原因。

太極拳過去有「十年不出門」的說法，它是強調練好太極拳要專心下功夫。但太極拳其實並不神秘，也並不艱難，因爲它完全符合人體的生命規律，符合人的生命的自然天性。每個人的身心對太極都有一種天然的回歸，我們練太極拳，就是找回人體的這種「最佳狀態」。

太極拳的一些「神秘」有人爲造成的因素。有些是不懂裝懂，以訛傳訛，有些是故弄玄虛，還有些是不求甚解，淺嘗輒止，成效不大，卻將原因歸結於太極拳的「神秘」「艱難」。這樣使得一些愛好者學習太極拳有些「畏難」心理，給科學化的太極拳推廣帶來了影響，不僅給初學者設置了不必要的門檻，也給深研者帶來誤入歧途的可

能。

所謂的「揭秘」，一是去偽存眞，分辨眞假，還其本原；二是剝繭抽絲，解析眞髓，把複雜的問題簡單化。太極拳是人人都可以練、人人都容易練、人人也都可以練好的生命修養、鍛鍊方式。所以有的太極拳名家說「太極拳是科學拳」「太極拳是大衆拳」。

練好太極拳必須從兩方面入手，一爲「體」，一爲「心」。「體」爲多練勤修，實踐出眞知，這在太極拳中更具有特殊意義。「心」則是練拳要具備的心性修養，其中「三心」尤爲重要。

一是要有平常心，破除對太極拳的神秘感，把它當作親切的朋友，互相瞭解。你瞭解它，就是逐漸掌握它的規律，它瞭解你，就是逐漸滲透到你的身體舉止、生活規範中，成爲你身心健康的重要因素。

二是要有耐心，不急不躁，循序漸進，時間既久，功夫自然精進。

另外還要有恒心，太極拳練則有，不練則無，要領對頭，練一日則長進一日，持之以恆，必然大成。

太極拳雖然不神秘，但有著豐富的內涵，有著自身的特殊規律。太極拳是中國傳統文化中最「接地氣」的一種形態，有著非常落實的修煉原則與理法規範。瞭解、掌握這些規律、規範，才能練出成效，否則，空耗時間、精力，甚至產生副作用。我們揭秘的本質，是揭示這些內在規律，爲大家明白、深入練好太極拳提供重要參考。

太極拳的解秘，必須以親身實踐爲基礎，否則就是紙

上談玄，空中樓閣。本書眾多講解名家都是各太極拳流派的優秀人物，長期從事太極拳的研究、教學，理法兼備，功技精深，更可貴的是他們的開明，毫不保守地將自己長期的練習、研究成果和盤托出，一些太極名家還對內容進行了細緻的校訂。在此也對各位太極名家、專家學者對本書的大力支持表示感謝。

　　本書可以說是一次太極拳的「圓桌會議」，是一次多角度、立體化的太極智慧火花的碰撞。在成書過程中，儘量保留了原來的生動語言，甚至有一些口語化的特點，能夠使讀者越過一切修飾性的障礙，直接感悟名家對太極拳的獨特認知。對於許多太極拳關鍵問題深入淺出的剖析，使讀者在閱讀中有著「捅破窗戶紙」的豁然貫通感。只要細心加以領會，相信對於大家學習太極拳會大有幫助，能夠少走很多彎路，不僅節約時間成本，更避免了一些身心上的損耗。

　　本書依照太極拳的結構特性，共分九個方面，以平實的語言，直陳利弊，直擊要害，具有「玄機直講」的特點，加上眾多名家親身示範，對於學習、研究太極拳具有重要價值。

余功保

主編簡介

　　余功保，1964年生，畢業於北京大學。著名太極文化學者，世界上第一本《中國太極拳辭典》作者。出版數十種太極拳研究著作，被翻譯成多國文字，暢銷海內外，爲當今著作翻譯成外文最多的中國作者之一。

　　其主編的《中國太極拳大百科》爲當代重要太極拳文獻巨著，受到廣大太極拳研習者高度推崇，《人民日報》、新華社、中央電視臺等上百家海內外媒體進行了廣泛推介報導。策畫、組織了眾多具有廣泛影響的大型國際文化交流活動，在國內外舉行了數十場太極文化學術講座，多次應邀擔任國際太極文化學術活動主持人、主講人，積極推進太極文化的研究及國際化傳播。

目 錄

名家、學者簡介 ………………………………………… 13

<1>太極拳文化的奧秘 ………………………………… 21

　　太極拳是東方人體文化；太極拳的文化屬性是什麼？文武之道的眞諦；太極拳與書畫的勁法氣韻；拳起於易；太極拳與中國哲學；中國文化思維方式營造太極境界；拳醫同道；拳法與兵法；太極拳的生命昇華層次

<2>太極拳源流的奧秘 ………………………………… 55

　　太極拳是怎麼創立的？太極拳的主要流派有哪些？太極拳流派的形成原因是什麼？太極拳技術的衍化歷程；武術家個性與拳派風格；各大太極流派的核心特點與練拳原則；關於太極拳歷史的學術爭論；拳為心畫，拳以載道

<3>太極拳內功的奧秘 ………………………………… 91

　　太極拳的內功是什麼？太極內功的鍛鍊原則有哪些？太極拳如何練氣？站樁的作用有哪些？無極與太

極；內功在「內」也在「外」；「活樁」與內氣潛
轉；道家內功與太極拳；內功與技擊；名家內功法
要；練習內功有哪些誤區？太極拳與中醫的一脈相
承；太極拳對經絡系統的鍛鍊；太極內功要素；內功
的層次

＜4＞太極拳技擊的奧秘 …………………………… 133

　　太極拳的技擊屬性；太極拳技擊的原則與要領；
慢練與快打的關係；太極拳技擊的誤區；太極拳技擊
結構；太極拳技擊的剛柔之道；「舍己從人」的奧
妙；太極勁與攻防一體；「柔、靜、空」的技擊效
能；太極推手的平衡原理；虛實與曲直；拳架與實戰

＜5＞太極拳養生的奧秘 …………………………… 169

　　世界第一健康品牌的成因；太極拳養生原理；身
心合一的養生文化；養生的「意、氣、形」調理；傳
統養生方法與太極拳；動靜養生；鬆柔養生；「中
和」養生之道；太極養生的「度」；太極拳架與養生
的關係；技擊與養生如何協調？拳架是越低越好麼？
太極拳養生的誤區是什麼？練拳如何注意呼吸？

＜6＞太極拳理法的奧秘 …………………………… 203

　　太極拳的「理為一貫」；拳理與拳法；太極理法
的文化解構；太極拳行功原則；太極理法的拳勢分
析；理法與身法；練拳如何「明陰陽」；傳統拳論精

髓舉要

＜7＞太極拳<u>練意</u>的奧秘 ……………………… 235

「意」的解析；太極拳練意的作用；練拳如何練意；太極拳練意的誤區；練意與技擊；練意與勁、形、氣的關係；太極拳器械的練意方法；練意拳勢解；練意與太極拳的境界

＜8＞太極拳<u>勁力</u>的奧秘 ……………………… 261

太極拳的勁力特點；避免「太極操」；太極拳勁力的種類；太極拳勁力的基本結構；太極勁法要訣；太極拳運勁方法；招法與內勁；太極拳勁力基本八法；太極勁的關竅透析

＜9＞太極拳<u>器械</u>的奧秘 ……………………… 297

器械與拳架的關係；太極器械的種類與作用；太極劍的核心技術分析；練好太極劍的訣竅；太極刀核心技術分析；練好太極刀的訣竅；太極槍與太極大杆；太極棍

《太極拳大揭秘》
講解名家、學者簡介
（以姓氏筆畫爲序）

王海洲

趙堡太極拳名家。河南溫縣趙堡鎮人，從師於張鴻道。出版有多部太極拳著作，作為趙堡太極拳的代表性人物應邀參加眾多大型太極拳活動。為當代在海內外具有重要影響的太極拳人物。

田秋信

陳式太極拳名家。田秀臣之侄。數十年積極傳播太極拳，長期在清華大學、北京大學等高等學校擔任太極拳教師。創辦北京華誠武術社，擔任社長。為北京地區陳式太極拳的重要人物。

李和生

太極拳名家，醫學專家。數十年精研太極拳，從師於王培生、朱懷元等。尤其精研太極拳內功，出版有多部太極內功專著。

李秉慈

吳式太極拳名家。吳式太極拳競賽套路及眾多太極拳推廣套路的重要創編者，長期擔任北京吳式太極拳研究會會長，是當代在海內外具有重要影響的太極拳代表性人物之一。

李 斌

孫式太極拳名家。從師於孫淑容。北京體育大學武術系畢業。獲得世界傳統武術節比賽金牌。長期致力於孫式太極拳的國際化傳播，為國際孫祿堂武學聯合會主席、深圳武術協會副主席。

阮紀正

著名太極拳研究家、文化學者，廣東省社科院研究員。長期從事太極拳理論與實踐研究，轉益多師。在太極拳文化研究方面具有突出成果，出版有多部專著。

其研究論文多次在全國和國際性太極拳學術大會上獲獎並做主題發言。

邱慧芳

世界太極拳冠軍，大學教師。紮實的武術專業功底加上靈慧的悟性，形成了獨具一格的太極拳風格。

擔任中央電視臺及地方電視臺眾多太極拳專題節目主講，是當代重要的太極拳傳播者。

吳文翰

著名太極拳研究家、武式太極拳名家。文武兼修，在太極拳理論、太極拳史研究方面尤其具有突出貢獻。

吳忍堂

趙堡太極拳名家。從師於鄭悟清。精通武術、中醫、道家內功等。

任武當趙堡太極拳西安悟清拳法研究會會長、總教練，為西北地方太極拳重要人物。

周世勤

著名太極拳家。對吳式太極拳、孫式太極拳、李式太極拳等多種流派太極拳均有精深造詣。從師於王培生、孫劍雲等。

長期在北京吳式太極拳研究會、孫式太極拳研究會等多個太極拳組織中擔任重要職務。

馬偉煥

楊式太極拳名家。從師於楊振銘。為香港楊式太極拳總會創會會長。香港楊式太極拳的代表性人物之一。

孫婉容

孫式太極拳名家，孫存周之女。北京體育學院教授。繼承家學，廣泛傳拳，為當代孫式太極拳重要人物。

祝大彤

著名太極拳家。從學於楊禹廷、汪永泉、吳圖南。結合傳統太極拳理法，創傳自然太極拳。是太極拳內功的積極宣導者和傳播者。

徐憶中

楊式太極拳名家。從師於鄭曼青，臺灣時中太極拳社社長，臺灣太極拳界的重要人物，為鄭子太極拳在世界各地的發展做出了重要貢獻。

郝宏偉

楊式太極拳名家。從師於郝金祥、傅宗元、趙斌等。傾心於傳統太極拳理法研究，拳藝精湛，擅太極大槍，精刀、劍、散手等。

被聘為香港楊式太極拳總會名譽會長、臺灣鄭子太極拳研究會顧問、南開大學太極拳研究中心顧問。

高壯飛

太極拳名家，著名中醫學家。數十年致力於太極拳習練、研究，以醫入武，以武彰醫，在太極拳養生、太極拳內功、太極拳科學習練等方面卓有成就。

張全亮

著名武術家。中央電視臺「武林大會」總裁判長。從

師於李子鳴、王培生，精通太極、八卦等拳種，為當代內家功夫代表性名家之一。

張耀忠

吳式太極拳名家。從師於王培生。數十年不遺餘力地挖掘整理武術文化，於太極內功、太極內勁有深刻研究，出版有多種太極拳功著作。

曾任北京軍事體育學校副校長、北京市吳式太極拳研究會名譽會長。

陳小旺

陳式太極拳傑出人物。河南溫縣陳家溝人。弟子遍佈世界各地，是當代中國文化世界傳播的重要人物。

獲得2013年中央電視臺等部門評選的「傳播中華文化年度人物」稱號。

陳正雷

陳式太極拳傑出人物。河南溫縣陳家溝人，十大武術名師之一。長期從事太極拳教學，培養了眾多優秀人才，在海內外太極拳界具有巨大影響。

梅墨生

著名書畫家、太極拳研究家，李經梧弟子。出版有多部太極拳內功學專著，與中國文化多形態融會貫通，卓然一派。

曹彥章

楊式太極拳名家。從師於崔毅士，北京楊式太極拳傳播、推廣的重要人物之一。曾擔任北京楊式太極拳研究會常務副會長兼秘書長、北京武術院華園武術培訓中心常務主任兼秘書長。

游玄德

武當功夫名家，當代武當功夫的代表性人物之一。於武當太極拳、道家內功養生等方面具有精深造詣。

馮志強

當代太極拳傑出人物。從師於陳發科、胡耀貞。融會貫通，創傳「陳式心意混元太極」，拳功圓融通達，獨樹一幟。

喬松茂

太極拳名家。作為當代具有重要影響的太極拳人物，多次應邀參加國內外重大太極拳活動，擔任輔導名家和主講嘉賓。

楊書太

武式太極拳名家。名門之後，並從師於姚繼祖。為河北邢臺地區重要太極拳家。致力於繼承傳統本色的太極功夫，尤精於太極技擊。

楊振鐸

楊式太極拳傑出人物。名門之後，再創輝煌，當代楊式太極拳之核心代表，武德、武功均為當今武林楷模。

楊禮儒

楊式太極拳名家。從師於楊振鐸。研練太極拳數十年，功夫精純，為海口市傳統楊氏太極拳協會總教練。

路迪民

著名太極拳研究家。從師於趙斌。積極推動太極拳的普及與研究發展。在太極拳歷史、太極拳理法和太極拳文化研究方面有著重要成果。

翟維傳

武式太極拳名家。河北永年人，從師於姚繼祖。拳風渾厚流暢，沉著自然，為太極拳鄉的代表性人物之一。

劉明甫

吳式太極拳名家。從學於劉煥烈、劉晚蒼和劉光斗。著有《太極拳論匯宗》等著作。

劉建波

吳式太極拳名家。從學多位武術名家，精於太極推手。為北京吳式太極拳研究會副會長。

劉峻驤

著名學者、武術文化研究家,中國藝術研究院研究員。從師於王培生,曾擔任北京市吳式太極拳研究會會長。其武術文化研究論文曾獲全國武術論文最高獎。

鐘振山

武式太極拳名家。河北永年人,從師於姚繼祖。多次應邀作為太極名家代表參加國內外重大太極拳活動,擔任輔導老師。是河北永年具有代表性的太極人物。

＜1＞

太極拳文化的奧秘

太極拳被譽為21世紀的經典時尚，說它經典，因為它歷經千百年的繁衍變化，代代承傳，鍛造得輝煌燦爛。說它時尚，因為是當今習練人數最多、廣為流傳、深受歡迎的健身運動項目。

如今太極拳已經成為中國文化的一個重要代表性符號，其中所折射和領悟的關於人的生命、健康發展的奧秘，是中國人智慧、才學、創造力的綜合凝聚。在世界的每一個角落都可以看到太極拳的身影。

「太極」也是當今在世界上流傳度最高的東方文化詞彙，其中蘊含的天人和諧、陰陽平衡等思想，在當今社會顯示出巨大的價值，散發出無窮魅力。

劉峻驤

我覺得太極拳是中國武術發展的一個最高境界。從根

文化學者劉峻驤縱論太極拳與東方人體文化

本上來說，中國武術是一個多功能的人體文化。我概括中國武術就是自衛本能的昇華，自衛本能和攻防技術的昇華產生了武術。但是，東方人特別重視人體，因為中國不管儒、道各家都是講究人體。我們講究的是經由自身個體，而求宇宙之智，所以武術作為一種技擊形態，它必然還要上升到一個最高的境界。

劉峻驤演練太極拳

武術技擊要打，是以強力攻擊，講究力量、速度的爆發，這是自然的。我們逐漸從中提煉出更加根本的東西，就是中國武術中蘊含的東方的兵學思想、儒家的思想、道家的思想，這些思想與武術技術相結合，體現出以自我生命境界的本質。

我自己曾經提出了「東方人體文化」這個學說，出版了《東方人體文化研究》的著作。這個學說的提出，與我練太極拳很有關聯。透過練太極拳，使我體會到很多東方人體文化重要的概念、觀念。我在「東方人體文化」學說中提出了「三論、二說、一圖、五理」。

「三論」就是「天人合一論」，這是理論基礎。「知行一體論」，知和行必須一體。「元氣自然論」，講元氣，講自然。

「二說」就是經絡學說、陰陽學說。

「一圖」就是太極圖。

「五理」就是生理、倫理、情理、哲理、心理。

太極拳作為一種活生生的人體運動，其中的文化元素不是枯燥刻板的文字或概念，而是充滿活力的、生動的具體形象，因此也更容易為人所理解和接受。

那麼，太極拳的文化內涵主要包括哪些方面呢？

余功保

中國太極拳的文化屬性主要表現在這麼幾個方面：

第一，陰陽和諧的思想

它認為世界的萬事萬物都是由陰陽兩個方面組成的，

余功保論太極文化

具體表現在太極拳的動作，太極拳處理種種的矛盾關係，都是由陰陽來構成的。陰陽最主要的屬性就是和諧。

第二，動靜相生的思想

這是文化屬性的主要表現。中國哲學認為世界的運動是由動和靜兩個方面來組成的，動中有靜，靜中有動，動靜結合，只有完整地把握動靜的關係，你才能夠準確地把握生命運動的本質。所以，太極拳的理論和技術中有很多關於動和靜的論述，它的練習方法佔據著太極拳技術的主體部分。

第三，天人合一整體的思想觀念

太極拳把人作為一種生命的個體，放在社會群體，放在大自然當中去考慮，在修煉人本身的各種生命功能的同時，要充分考慮到自然界對自身的影響，人和人之間關係

太極拳體現了中國文化天人合一的整體觀

對自身的影響，所以，它所考慮的健康的觀念是一個整體性的健康觀念，它所考慮的攻防的結構，也是一種整體性的攻防結構。

只有把握了這幾個主要的核心點，才能夠比較透徹地認識太極拳的文化屬性。

由於中國太極拳的文化性，使得它與中國傳統文化的其他形態具有天然的相通。它們以不同的表現形式詮釋中國文化的博大精深，太極拳也因此被許多文人作為修身養性的重要方法。

梅墨生

中國的文化我覺得是文武之道，一張一弛。比如孔子說「文質彬彬，然後君子」，那時候的「文質彬彬」的「質」，其實就帶有著這種武的含義，帶有俠士的含義，我認為先秦的中國文化，始終就是在儒士文化的同時，還有一個俠士文化。比如說荊軻，就是當時的縱橫家，總還有著一種俠士文化的東西在。當時先秦文化就是這兩

梅墨生談太極文化

脈，中國的文化從來都是說文說武，文能安邦，武能定國。

我從小好文好武，我的好武跟好文幾乎是同時的，應該說我好武比好文稍晚了一點。而且我自打好武以後，一直覺得非常受用於我體悟中國文化。

比如我從事的中國書畫藝術，我所從事中國的藝術理論、史論方面的研究，從我理解藝術的角度，理解文化的角度，我從學於武術，特別是從學於太極拳以後，我所受益的東西非常多。所以我在許多大學、在全國各地的藝術講座裡，曾多次提到太極拳學、太極文化，提到中國的武學。

我認為真正的武術大師，絕對不是一勇匹夫，一勇匹夫成不了真正的武術大師，真正開宗立派的有許多都是文化修養高深的人。我覺得太極拳的上乘功夫就是應該練到這一種境界。人的心態要陰陽平衡，不剛不柔，不溫不火，應該有溫良恭儉讓、溫柔敦厚的這麼一種生命的境界。

我喜歡太極拳，我覺得除了我本身始終對中國傳統的武術有迷戀之外，就是我用它來體悟中國的傳統文化，這是一個很重要的原因。

太極拳以一個中國古典哲學的名詞來命名，這在世界上絕無僅有，其他任何的技擊，任何的武術，任何的功夫，在這方面似乎都很少。除了中國的內家三大流派拳法，比如說形意有這個意思，八卦有這個意思。剩下其他的拳法就很少這樣。中國其他的象形拳法很多，也崇尚「道法自然」，但太極拳更加系統運用哲學的概念。它使

梅墨生繪畫作品

用太極，用中國哲學一個最高的範疇、最大的一個哲學概念、最終極的一個範疇來命名拳，這也就說明它本身確實有包容天地的主旨，有這麼一種性質。

我覺得太極拳本身的內涵是很豐富的，是多層次的。有什麼層次的人，就能體會到什麼層次，你能夠付出多少努力，就能修煉到什麼層次。同是一個太極拳，見深見淺，見高見低，真的是因人而異，因修養而異，因功夫而異，因你的師承傳授、見識而異。

從這一個角度，我拿它來體悟中國文化的時候，我就

想，《太極拳論》是非常好的哲學著作，是非常好的美學著作。它用於中國的書法，用於中國的繪畫，我覺得它的許多理論都是最高級的。

　　《太極拳論》裡，許多許多的說法，就跟畫論、書論甚至是詩論，跟音樂理論等等都是一致的。這一點我覺得是最引人入勝的。我作為一個太極拳的習練者或一個傳承者，作為太極拳學的一個愛好者、或者研究者，我覺得這是最抓住我的一個點。

　　這個亮點，就是它絕對不是一個簡單的生理運動，不是簡單的一個武術技擊的功夫，它的背後有非常深的文化內涵，這個文化內涵不僅有宏觀性，還很具體，很微觀，完全可以用在中國書法的體式的創作之中、運作之中。

梅墨生太極拳勢

於是我就想，比如說懂得太極勁的人，體會了太極功夫的人，你在從事書法創作的時候，你的那種氣象，你的那種對於運筆運墨的勁力的體會，對於內勁的表達，肯定跟不體會這個不一樣。所以，我的字畫當中總有這種因素在。

大書畫家米南宮說「沉著痛快」，我覺得這跟太極拳論的「剛柔並濟」是相通的，跟太極拳學所要求的要領是一樣的。太極拳要求修煉行功要沉著、輕靈，就是巧妙處理這一對矛盾，使這矛盾的和諧統一體現在書畫作品中，也體現在太極拳拳架，特別是太極拳的意神之中，在舉手投足之間。

那麼，在書法裡也是，如果我一味地用筆，一味地往下使勁，就不是書法的「筆力」。我多少年前始終說這句話：「如果說只強調物理的力，或者表面的力，那麼就算我把這一層薄薄宣紙戳破了，這叫有力嗎？那絕對不是，如果是，那扛大個兒的人都是最好的書畫家了。」所以，書法裡的有力，書畫中的線條的有力，絕對不是簡單的外在的力，它是一種內在的力。這種內在的力，就是所謂的內涵。

所以，中國的功夫不是簡單的拳術動作，是因為它就是講這種勁力。比如說太極拳要求既要往下沉實，又不是鐵樹生根的沉實，這個與一些外家拳就不同，與一些武術

梅墨生法作品，體現出內在的筆力

黃賓虹繪畫作品

的硬功又不同。

　　氣往下沉時，還要舉步如貓行。貓的落足是很輕盈的，甚至是落地無聲。既重又輕，既沉實又輕靈，這跟書畫的用筆，我覺得非常一致。

　　我曾經說，看中國畫的大師黃賓虹在他作品中的用筆，我覺得他就是位太極拳法大師，他是深合陰陽之道的。我經常用這樣的眼光來打通書畫與拳法，用國畫大師或書法大師的筆法、書畫，來看太極拳家的行拳走勢；用

太極拳家的行拳走勢反過來來揣摩中國書畫的揮毫用筆，我覺得他們之間具有高度的一致性。

　　中國傳統哲學無疑是培養太極拳文化屬性的土壤。在太極拳拳理中，我們可以接觸到許多的中國哲學概念。在古典《太極拳論》中，我們隨處可見中國哲學的辭彙。瞭解了太極拳，就在很大程度上理解了中國傳統。

余功保

　　太極拳的文化性的根源，就是直接受益於、直接發源於、肇始於中國傳統文化哲學的思想，這其中有幾個主要的典籍，應該是重點加以注意和研究的。一個是《周易》，一個是《黃帝內經》，還有一些兵法上的著作，比如說戚繼光的《紀效新書》等等，它都對太極拳的文化內涵的豐富和發展起到了重大的作用。

　　《易經》是中國文化中最重要的一部典籍，也是太極拳的理法之源。《易經》的出現是在戰國以前，相傳有《連山》《歸葬》和《周易》三種。《周易》為周文王所著。它的核心思想就是

太極拳法處處體現陰陽元素

陰陽和諧，陰陽互變，這成為太極拳技術和理論的基本出發點。《周易》所演變的共有64卦，每一卦都是由陰陽的不同組合產生，也對應著無窮無盡的變化狀態。太極拳大而化之，將陰陽與人體內外因素相結合，在運動中把握平衡與和諧的狀態。太極拳中《周易》的許多哲學概念都被賦予了具體化的內容。

　　陰陽是太極拳中最重要的概念，不懂陰陽則不知太極拳，在太極拳中，抽象的陰陽被賦予了具體的內容，不再是枯燥的概念，而成為了有血有肉的肢體符號，所以有人說研習太極拳就是認識中國文化的生動途徑。

祝大彤

　　練太極拳要理解它的文化內涵。

　　最重要的是什麼呢？是陰陽變化。因為王宗岳說得很清楚：「太極者，無極而生，動靜之機，陰陽之母。」動靜就是太極拳。這「陰陽」概念是王宗岳從傳統文化中借用過來的，陰陽是《易經》中提出來的，《黃帝內經》等古典著作中都有充分的

陰陽自在拳中　祝大彤演示

論述，它把陰陽說成是綱紀，是本使，是生殺，是父母，是神靈之父。

所以，練太極拳最主要的是要明白陰陽的關係。對每個勢子都要清楚它的陰陽變化。清楚了每個勢子的陰陽要素，才算了解了太極拳的內在，否則，拳架練得再漂亮也沒有用。

阮紀正

根據我的理解，任何一種社會活動和社會現象，都是有自己的文化背景和文化內涵的。太極拳用太極哲學來命名，它反映了整個中國哲學發展的一個過程。

如果一直追溯到源頭的話，太極者無極而生，大家一直可以追溯到原始的巫術。原始巫術用現在觀點來看，的確是非常落後，但它卻是人跟動物區別的一個標誌，動物是沒有巫術的。

這種原始巫術在《周易》裡面就被理性化了，它理性化為陰和陽的兩個符號，標誌著整個宇宙生生不息的那種運狀。《周易》表達的是一種生生不已的生命哲學，後來又通

阮紀正演示太極功夫

過先秦的諸子百家在那裡大力發揚。

我所理解的中國武術，特別是太極拳，它的文化根源是《易經》，所謂拳起於「易」。中國「易」這種哲學觀念，認為陰陽相濟、兩極互相激蕩引起生命的變化，萬物是從這裡開始的，太極拳也是從這裡開始。太極拳的「理」則成於「醫」。

太極拳整個人體模型、人的生理機制的解釋，是根據中醫理論來的。它還有一個文化來源，就是兵法，因為太極拳原來就是武術，是用以攻守進退的一種應對環境的手段。兵法是一種應對手段，應對方法，而且武術後來曾經在歷史上依附在軍事中作為兵技巧，也就是當兵作戰的武器技術在那裡發展。

根據我的理解，這三個是一套基本支柱，後來如果進一步發展的話，就是以道家為基本取向的。道跟儒從《周易》以來，開始了兩條陰陽相濟的道路，各自向兩端互補發展。儒是往陽剛方面發展，陽尊陰卑，道是往陰柔方面發展。道更多的反映一個弱小民族、弱小者怎麼去應對強敵的某些訴求。後來的諸子百家對它也有影響。

儒作為中國的主流文化，對中國武術包括對太極拳的影響，也是比較深的。它在人倫取向上面，強調「自強不息」那種追求上面有很積極的影響，永不言敗。

在諸子百家中，儒家是對太極拳影響很大的學派。太極拳「中正為天下宗」的要則就直接來源於儒家的學說。儒家的禮儀等思想又給太極拳的修心養性提供了滋養。

儘管在《太極拳論》中儒家的辭彙出現較多，但墨家、佛家、道家等對太極拳的影響，卻也是不容忽視。佛學中的禪宗思想，道家中的道法自然的思想，都對太極拳的發展與鍛鍊產生了重大影響。

在太極拳中所提倡的全身通透、一羽不能加的空靈境界，與佛學的不著塵埃有著玄妙的契合。而天人合一的思想廣泛為儒家、道家所共同推崇，是太極拳文化中最為重要的觀點之一。

阮紀正

比如說「墨家」，「墨家」的性格是一種俠性人格，墨家理論對整個中國武人的性格形成產生了極為深刻的作用。

「墨」是從「儒」裡面分化出來的，是幫別人。按照馮友蘭先生的說法，墨家是專門幫別人打架的武鬥專家，它非攻但不棄武，它反對侵略，但是主張自衛。說非攻不棄武，知兵非好戰，這一種基本精神，在太極拳裡面也體現得很鮮明。非攻，我不進攻別人，但是你要來的話，我一定要應對。它不是一種屈服的哲學，它就是順而不屈，這既有道的精神，也有墨的精神。

後來進一步進化，到了漢代大一統董仲舒的「天人合一」，「天人合一」對我們漢族文化的形成起的作用也是巨大的。

過去我們對古代「天人合一」的理解比較膚淺，以為「天不變道也不變」是純粹簡單為統治階級做一個辯護。實際上天人合一這個觀念，更多是「天人相應」，它反映

陰陽與五行構成認知世界的一個基本的系統

了我們漢族一個最基本的思維方法。

　　漢代把陰陽觀念進一步發展，把五行、干支全都納進來了，把陰陽八卦、五行干支全納進來，構成一個非常龐大的把握事物的系統。陰陽是第一個層面，是基本性質的層面。因為在資訊不平衡的條件下面，你無法便利一切，完全歸納化是不可能的事情，所以，你怎麼迅速把握住對象呢，它一下子由陰陽把它兩分法，就能夠迅速抓住對象的特徵。五行也是抓住五種不同類別的事物的深刻變化的那種關係。

　　中國的思維是用類推的辦法的，這從《周易》就開始了。《周易》中說「物以類聚，人以群分，仰觀天文，俯察地理，遠觀諸物，近視諸身」，然後就按照類來分，以類相推，觀物取象，根據那個象，根據那個表象、現象，然後就去以類相推。這種辦法是中國人的一種極高的解題

周敦頤作《太極圖說》對太極拳理論
影響巨大

周敦頤太極圖說

能力，到了未來社會恐怕它仍然有自己的意義。

　　後來佛學進來了，佛學對人的那種深度的心理分析，對人的意念的把握，特別是佛學那個「空」的概念，「因緣際會」「緣起性空」，對空的把握，對太極拳後來那種空靈的發展，影響也是非常大的。

　　後來到了宋明理學，佛、道、儒三家合一，把先秦時候太極宇宙論的概念，變成了一個哲學的概念。王宗岳《太極拳論》的基本理論框架就是周敦頤《太極圖說》，它就是用太極這個基本理念去描述太極拳整個的操作方式。

太極拳講究空靈的境界

　　太極拳作為一種實用性很強的武術，必然與冷兵器時代的軍事戰爭聯繫在一起。太極拳的思維中貫徹了眾多中國古代兵學兵法的思想，這充分體現在太極拳的攻防理論與技術中。

　　《紀效新書》是研究太極拳不可不加以關注的一本重要兵書。其中不僅羅列了軍事戰陣的工具、陣法，更是收錄了一些具體的練拳方法，其中的長拳三十二式圖譜，對於太極拳研究具有重要意義。對照當今成熟的太極拳架式，我們可以清晰地看出其中的內在關聯。

阮紀正

　　它還有一個文化來源，就是兵法，因為太極拳原來就是武術，是用於攻守進退的一種應對環境的手段。兵法是

一種應對手段、應對方法，而且武術後來曾經在歷史上依附在軍事中作為技巧，也就是單兵作戰的武術技術在那裡發展。

太極拳的仿生拳勢
白鶴亮翅

從某種程度上說，《太極拳論》與兵法理論相同，在結構上看，太極拳理論在整個拳學體系中占比重最大，比任何一個拳種都多。我們如果把《孫子兵法》與《太極拳論》做仔細的對比，可以看出驚人的一致。可以說每一篇經典拳論，就是一篇兵法。

在中國傳統文化中，天人合一，是一個十分核心的觀點，它是一種關於人類社會、人類生命的大思路。它將人放在廣闊的自然中去考察，認為人與自然取得高度和諧統一，才能獲得健康的生存狀態。道法自然是實踐這一觀點的一個具體方法。太極拳完全體現了這種觀點和方式，從自然中汲取養分來豐富自身的體系。

仿生是太極拳的一個技術特色，從太極拳的動作名稱和練習方法中，我們可以強烈感受到這一特點。

阮紀正

這個恐怕要從中國人的思維方式談起。中國人的思維

大自然中的白鶴自由飛翔

方式從《周易》開始，「上觀天文，俯察地理，遠取諸物，近取諸身」，這種「觀物取象，以類相推」，這種用「類」來相推的辦法，我剛才談到，就是在資訊不對稱不平衡的條件下面，能夠迅速把握住對象的特徵，來進行應對，應該是很有效的。中醫的「藥物歸經」，它顯然不是簡單用神農嘗百草得來的，嘗百草只能知道能吃不能吃，有毒沒有毒，卻不知道藥性怎麼歸經，藥性歸經明顯是按照類來比。

　　中國的武術因為是人體活動，人體活動跟動物活動是同構的，有點類似現在的仿生學，從動物的用力方法，動物的活動方式裡獲得某些操作上的啟發，現在仿生學也有這類的東西。

　　在太極拳裡邊我體會比較深的，比如對於腰胯力的那

太極拳的發力具有高度的協調性
和完整性 田秋信演示

些處理，就明顯跟這種仿生學有關。動物裡面講，比如說「虎背熊腰」，老虎跟熊為什麼力氣最大。太極拳那種整體發勁，有點類似熊的勁。因為熊它是直腰的，全身整體勁從腳到前掌，後掌和前掌能夠整體發作，力量很大。

人原來爬著走，變成直立以後，身體變成兩節，形成了腰弓，一形成腰弓，它有個好處：保護大腦，因為形成一個彈性，使大腦不受到振動，但是它也有一個弱點，把身體上肢的力量、下肢的力量拉成兩段了。所以你練太極拳的時候，它要恢復先天動物那個背，還是直起來，命門要飽滿，要填腰，讓它拉直，尾閭中正，上面虛靈頂勁，下面尾閭中正，中間鬆腰落胯，跟著填腰，這樣全身的力量上下就完整，能夠整體發出。

但是你這種怎麼保護大腦呢？用腿弓來代替，因為它有落胯，屈膝蓋，膝蓋稍微彎曲一點，胯一落下來，就形成一個腿弓，用來保護大腦。你有了一個腿弓以後，又很便於腳踩湧泉，讓力量從湧泉那兒通上來，一蹬直抵湧泉，就「起根於腳，發於腿，主宰於腰，形於手指」，就

能整體發出。這一類的用力方法都跟動物的仿生是有關的。

其實，中國武術仿生還不止太極拳，很多拳也都是仿生，仿生有內在的有外在的。後來新編一些仿生拳種，僅僅是從動物的外形上來模仿，太極拳這種鬆腰、落胯、填腰、踩湧泉，上面虛靈頂勁，造成一個整體發勁的方法，確實是比較內在的、深層次的仿生。

太極拳的藝術性是它文化屬性的一個重要方面，太極拳優美的身姿，瀟灑的外形，神形兼備的韻味，被稱為「東方芭蕾」。太極拳的藝術性集中體現在兩方面：

一是它本身具有很強的藝術表現力，觀看太極拳不僅可以得到視覺上享受，還可以感受內在的、向上的激情。練習一遍太極拳，如同進行一次藝術創作。

二是太極拳提供了很多其他藝術門類可以借鑒的元素，它的理論、技術、美學架構都是可供借鑒的題材。它對於節奏的處理，對於人內在潛力的挖掘，都有很強的藝術創作發揮。

太極拳的藝術性值得注意的一點，是它與中國傳統藝術的關係。中國藝術講究意境，很多藝術品種的意境也正是太極拳的意境，在一些具體方法上，甚至要求一致，這是中國文化內向交流的神奇之處。

比如中國畫，講究立體，講究顧盼，要呼應，這在太極拳套路中也有明顯的體現。太極拳要含蓄，要折疊，這與作畫的方法也一致。

書法中的中鋒、藏峰，「綿裏鐵」的筆法，章法中的疏密有致，在太極拳要領中也可以真切感受到。

梅墨生

中國的文化不只是文人文化，中國的文化還有俠士文化，中國的文化不只是「文化」還有「武化」，只有文武之道，一張一弛，它們能夠相容包括在一起，才是我們的中國文化。

所以我覺得21世紀以來，中國的文化要想在世界上彰顯它的價值，只研究它書面的文學的「文化」性的東西，我想是不夠的。梁漱溟也是國學大師，梁漱溟先生在《東西文化及其哲學》裡說，中國的文化是向內求的。就我的瞭解，「中國的文化向內求」，這是一語破的之語，我認為梁漱溟先生這句話把中國文化的精要一語點破。

我認為無論在文道、武道，中國的文化都是重內而不重外，中國的太極拳，中國的書法，中國畫，乃至中國的茶道，中國的音樂，中國的文字，

梅墨生法作品

中國的易經，都是中國文化的載體。所以我曾跟很多朋友說，如果想瞭解中國文化，那麼你最好的辦法是在讀書、在瞭解形而上的抽象概念的同時，去學習和體悟一兩門中國傳統的技術和藝術。

身體力行，中國的傳統是知行合一，知道了我不行，不行；我心知我體不知，不行；我的思維知道了，我的身手不知道，不行。

中國的書法用一桿柔軟的毛筆，在潔白的宣紙上，薄薄的一層，薄如蟬翼，用我們黑白濃淡墨分五色的墨色，可以繪成美妙的繪畫，可以書寫美妙的書法的點化運動的節奏，這是中國人獨有的。

在這個世界上，我以為到21世紀，中國人可以引以為驕傲的，就是我們中國文化特有的那些國粹。

太極拳與中國醫學有著天然的聯繫，這種聯繫從太極拳產生之日起就已經存在。《內經》作為中國傳統醫學的寶典，也是太極拳理法構成的重要基石。

太極拳吸收融合了中國古代很多種養生術，如導引吐納。它的動作很多就是導引動作，在呼吸上也有很多調節的辦法。《莊子》所述「熊經鳥伸」的仿生導引，用來描述太極拳也非常到位。《老子》的「致虛極，守靜篤，專氣致柔」，也可看作對太極拳練習方法的闡釋。

太極拳也同樣具有文學屬性，文為心聲，文學的作用在於發現和發覺，它應該對關於人的大的主題和細微的體驗有足夠的熱情。

太極拳在三方面對文學提供了足夠的物質和精神載體。一是關於自身的體驗，特別是關於健康狀態；二是關於社會的體驗；三是關於自然的體驗。文學的意境就是人生的境界，太極拳的意境就是生命的體悟境界。

阮紀正

太極拳文化給我們的啟發應該是巨大的。中國哲學跟西方哲學有一些區別，這些不同的哲學區別，恐怕也反映了不同國家民族的社會演化路線。

中國哲學是在活動中、運動中研究它怎麼樣生成了。中國哲學最基本的概念是「道」，「道」的原意是能走的路。地上本沒有路，走的人多了，最後就變成了路，它就

太極拳是中國哲學的符號　梅墨生演示

研究這條路的形成過程，這就生成了「道」。

　　中國哲學所有的概念，都是研究這種生成的機制的。道、太極、無極、陰陽、八卦、五行等等，它們都是討論這條路，這個道怎麼樣生成，研究生成的過程，它能夠體現一種生命的特徵。

　　太極拳用一個人體文化符號，用生生不已的那種操作，用上下相隨，前後相連，左右相應，內外相合，用這麼一個身體符號，向我們講述了這種生命運動的理念，表述了中國人那種生命的哲學。

　　太極拳的文化性，還體現在它全面性的社會功能。作為武術，它具有強烈的技擊作用，同時又具有獨特的健身效果，隨著太極拳形式的不斷多樣，內涵的不斷豐富，它的修身、怡性、養生、表演等功能也不斷增強。太極拳已經成為一種全方位提高人的生命與生存品質的優秀運動形態。

透過太極拳的規範，體悟人生的規範
喬松茂演示

喬松茂

太極拳，它不是一種目的，它是一種過程，透過練傳統太極拳這種特有的技術，使身體完全在這種規範的前提下，達到昇華的目的。

我這麼多年的練拳體會，感悟到透過練傳統太極拳拳架，規範了自己的人生，人生本身是可以東想西想的，而規範了自己的行為，使自己感悟到自己是做什麼，自己該怎麼做，能夠化解各種矛盾，在認識世界，在自己的人生觀上，包括如何看待自然世界上，有一個良好的、科學的思維。

太極拳的柔是他文化內涵的一種體現

鐘振山

　　經過40多年的鍛鍊，我感覺到太極拳有兩個突出特點，一個是講「勁」，這是它的技術特點。有很多種勁，這些勁都體現太極拳的練法、用法。

　　還有一個是講「柔」，這是它的思想，屬於太極文化。太極拳的柔，不是軟，對人來講，這個柔，是變化之道，就是順其自然。無論怎麼柔，都顯示力量。要是懂了這個柔，經過長期太極拳鍛鍊之後，你的思想就會有一個昇華，思考問題就不是想當然，而是講究自然。

　　這就是太極文化，當你練到一定程度以後，這個人的

太極拳是一種武術精神，具有很強的技擊作用

思想就有一個相應的境界。

余功保

現在我們所認識的太極拳，是一個多層次、多角度的複合體。基本上來說，主要是從這麼三個方面：

第一，作為一種武術的拳種，從這個角度來說，它的核心就是技擊，因為中國武術有著與其他的運動形式最顯著的區別，就是它具有攻防的功能，具有實戰的作用。太極拳在中國武術當中形成的比較晚，它吸收了許多其他拳種技擊中的經驗，借鑒了他們的長處。比如它在技擊中所體現的以柔克剛、以小搏大、四兩撥千斤、引進落空等等這些技術戰術戰略的思想，在中國武術的拳種當中，在技擊方面具有顯著的特色。

太極拳的健身功能受到全世界人民的廣泛歡迎

研習太極拳是了解中國文化的一種有效途徑

　　第二個方面，就是它作為一種健身的運動形式。太極拳之所以這麼廣泛地受到全世界範圍的歡迎，其中一個最重要的原因，也可以說一個最主要的原因，就是它具有著顯著的健身的價值。那麼，透過習練太極拳來達到人體的陰陽平衡，來提高人體的免疫力、抵抗疾病的能力，對一些疾病的康復也有著顯著的作用。這也是它在當前社會當中一個最具實用價值的部分。

　　第三個角度或者層次，就是太極拳是一種中國傳統文化的形態，其中承載了中國文化的諸多元素，多角度地體現了中國文化的精髓，由表及裡，無論是從外在形式上，還是內在精神上，都體現了中國文化非常顯著的特點。

　　那麼，我們由對太極拳的一種研究，理論上的，實踐

太極拳的文化性是依托在太極拳的功技結構上的吳文翰演示

上的，由體徵就能夠非常深入、非常全面地瞭解中國文化的方方面面，所以許多學者認為，研究中國文化，透過習練太極拳是一種非常方便的入門的階梯、昇華的管道、提高的途徑。

具有著濃郁的文化性，可以說是太極拳最具魅力的一個屬性。全世界很多習練太極拳的朋友，練習中國太極拳，能夠非常生動、非常形象地理解中國文化的一種特徵。研究中國文化的一些專家學者、中國傳統文化的愛好者，透過太極拳也能夠非常透徹地觸摸到中國文化的一種內核。

　　要深入地全面地理解太極拳的文化屬性，我們需要從太極拳的起源，太極拳的發展歷程、太極拳的技術結構、太極拳的理論基礎等等這些方面來加以綜合性考察。

　　當然，所有的這些文化的元素，全部都依附於太極拳基本的技術特徵上，它的每招每式、它的套路、它的器械，離開了這些技術的結構，那麼，太極拳的文化屬性也就無從談起。

　　所以說，我們研究太極拳的文化屬性，一個有效的途徑，就是你必須親身去體驗一下太極拳，不能夠紙上談兵，要全面、深刻、透徹地認識瞭解中國太極拳，並且充分地享受太極拳帶來的巨大樂趣，就必須要深入地研究認識中國太極拳的文化屬性，這是它最獨具魅力的所在。

阮紀正

　　太極拳的哲學思考比較深刻，它都是從關係上面去探究問題的本質，它的核心應該就是生命，是生命的一種昇華。按照我的瞭解，太極拳分為三個層次：

　　第一個層次，就是處理人的身心關係。它的核心就是人的生命，因為人的生命必須有身心共同活動，才能構成

一種人的生命。

第二個層次，是處理敵我關係。敵我關係實質上就是主客體關係，因為人的生命應該在生活中展開，要對象化展開，你離開了對象化的處理，應對環境你就無所謂生命，談不上任何生命的意義。

第三個層次，是天人關係。天人關係是處理還沒有出場的整個大背景、大環境的關係。它實際上涉及的就是一個生態問題，所以一個生命、一個生活、一個生態，從三個大層面凸顯出中國人怎麼處理他面對的各種事情，它本身就是文化，要人為地處理各種事情，它就是文化。

<2>

太極拳源流的奧秘

在當今豐富多彩的太極拳體系中流傳最廣、影響最大的有太極拳六大流派之說，即陳式太極拳、楊式太極拳、吳式太極拳、武式太極拳、孫式太極拳、趙堡太極拳或者稱為和式太極拳，除此之外還有各種名稱命名的太極拳流派，大大小小不下數十種。

那麼，太極拳究竟起源於何時，由何人所創呢？這卻是太極拳一直研究爭論的焦點。如同其他的中國文化形態一樣，探討太極拳的起源始終是太極拳界一個十分感興趣的話題。有些問題隨著近年來研究的深入，大家取得了相當一致性的意見，但有些問題卻依然存在著很大的爭議，成為許多人繼續探究的課題。

阮紀正

太極拳是歷史的產物，它積澱了從原始巫術理性化以來的整個中國思想文化發展的一些精華。但是，光講這些還是不夠的，因為這些精華僅僅為太極拳的發展提供了一個背景，提供了一種可能性。作為一種人體技術、一種身體技術，我想要討論太極拳的發展，還要討論到它的技術演化和變遷。

我以為整個太極拳都是在中國傳統武術的基礎上發展過來的，中國傳統武術一開始，從《莊子》的《說劍》篇開始，就有了某種陰柔的走向。你看「越女論劍」，還有莊子《說劍》，都表現了中國武術的幾個基本特點。

一個是重靈巧，重巧不是重氣，因為它自身力量比較弱，以巧取勝，由技術來吃飯。另一個跟中國兵法有關，

中國劍術的輕靈風格對太極拳產生了重要影響　曲致遠演示

就是求穩，先為不可勝，而後勝之。再一個是重知，也就是重瞭解敵情。還有就是重柔，不是單純強調進攻，也注重防守。中國武術這些特點為太極拳誕生提供了很強大的前提。

在技術演化上太極拳有兩個很重要的特徵，一個是走化，一個是粘逼。走化和粘逼按照我的理解是跟器械有關。太極拳走化的經驗，按照我的理解，是跟中國的劍術有關。西方的擊劍重擊打、格打，中國的劍法重圈畫、攔、磨、點、刺，講究這些東西。劍似游龍，特別重視身法，它是走化過去的，這個對太極拳的走化我以為是有很深刻影響的。另外一個是槍，槍有攔、拿、粘等方法，那個粘逼之法很重要，太極拳練勁力的時候，抖大杆，它把對方粘住就發，這是從槍法來的。

儘管從訓練上來講，先有拳，後有器械，拳術是練器械的基礎，但是從發生學上來講，是先有器械後有拳術，因為人是使用工具的動物，人的手的功能形成是跟他所用工具相關的，比如說形意拳就跟槍法有關，說太極拳粘、逼、跟、進、發那些用法，也是跟槍法有關的。

練習槍法、大杆一直是太極拳練功的重要方式　李雅軒演示

　　中國武林人士在先秦固然是士階階層，但春秋戰國以後，文化逐步下移，秦漢年間再滅俠，把整個武林人士壓到社會的邊緣位置，他們的活動除了在《史記》有《遊俠列傳》以外，慢慢就沒有任何記載了。

　　他們只好附和神仙或者什麼名將諸如此類的，所以簡單從那種師承源流、簡單從歷史記載是找不到的。但找不到並不等於沒有蛛絲馬跡，透過它的技術演變，透過那個拳種裡面那些拳法、技術的某些蛛絲馬跡，我們可以判斷

出一些進化的痕跡。

比如說太極拳的一些動作，就明顯跟戚繼光記錄下來的那些拳法相似，很多動作都有明顯的關聯性。甚至我們發現漢代馬王堆裡面那些導引圖，導引的一些動作也有跟太極拳很接近的一些動作，所以我們從技術演化的角度去追，恐怕比簡單講哪個人創更為重要。

關於太極拳的起源，一派觀點認為太極拳起源於河南溫縣陳家溝，這一觀點起始於20世紀30年代，由著名武術史學家唐豪等提出，這一觀點在隨後的數十年間產生著重要的影響。

2007年在溫縣陳家溝豎立起了陳王廷銅像，銅像上雕刻著太極拳創始人幾個大字，這成為現在很主要的一種說法。但也有許多人對此種觀點持反對意見，他們認為迄今為止並沒有特別有力的證據表明是陳家溝創立的太極拳，僅憑現在的一兩句詩詞就下結論未免太過武斷。相反，在陳王廷之前卻有著許多太極拳的痕跡的出現。

另一派觀點則認為，當今流傳的五大流派太極拳均發源於陳式太極拳沒有異議，但太極拳並非陳家溝所創，而是由武當山所創立，具體創始人是武當道人張三豐。

對這種觀點持反對意見的人認為，張三豐其人在歷史上本就撲朔迷離，在不同朝代都有不同的人物對應這個名號，是否真有其人還難以確定，把太極拳歸結為他所創立，未免有所玄虛。

還有人認為是山西人、那位寫了《太極拳論》的王宗

岳先生創立了太極拳,甚至有的人把唐朝的許宣平、李道子作為太極拳的創造者。

儘管太極拳的起源莫衷一是,但對於當今流傳最廣、影響最大的五大流派的太極拳源流與發展卻是非常清晰的。

陳式太極拳是五大流派中最為古老的一種,也是這五大流派之源,陳式太極拳具有剛柔並濟、節奏鮮明、動靜相合等特點。楊式太極拳直接演化於陳式太極拳,是當今世界習練人數最多的流派。楊式太極拳的創始人為河北永年人楊露禪,後經過他的後人楊班侯、楊健侯、楊澄甫,以及眾多弟子的共同努力下將其傳遍天下。

陳小旺

何時、何地、何人首創了太極拳,這是很多人所關注的問題。一些研究武術的專家學者比如唐豪先生,經過系統的研究,查證多方面歷史資料,證實太極拳的創始人是明末清初河南省溫縣陳家溝陳氏第九世陳王廷。

陳家溝陳氏第一世陳卜,原籍是山凱撒州郡人。明朝時候由山西遷至河南沁陽縣,後來又搬到位於溫縣城東十華里的常

河南溫縣陳家溝陳王廷銅像

楊村。隨著陳氏人丁興旺，常楊村就改名為陳家溝。陳氏第九世陳王廷晚年的時候隱居造拳，現在存的《拳經總歌》和《長短句》裡面有相關的描寫，辭中說：「蒙恩賜，枉徒然，到而今，年老殘喘，只落得《黃庭》一卷隨身伴。悶來時造拳，忙來時耕田，趁餘閒，教下些弟子兒孫，成龍成虎任方便。」就是說因為當時政局動盪，他就歸隱鄉村研究拳術。他依據祖傳拳械，吸收了各家拳法精華，結合中醫經絡學和導引、吐納術，以古代陰陽學說為理論根據，創編了陳式太極拳。

自陳王廷始創太極拳以來，陳家溝世代沿襲，習拳之風蔚然而興，名手輩出，歷久不衰，所以陳家溝流傳著「喝口陳溝水，都會翹翹腿」和「會不會，金剛大搗碓」的佳話。

路迪民

中國太極拳的起源是比較早的，但流傳範圍一直不廣，限制了它的傳播。而楊露禪打破保守陋習，把太極拳在清朝中葉從永年傳播到北京，後來才得以廣泛傳播，成為近代太極拳的開拓者。武式、吳式太極拳的起源也有百餘年了，但武式、吳式太極拳都與楊式太極拳

路迪民在西安國際太極拳交流會上

武當張三豐畫像

路迪民演示楊式太極拳

有淵源關係，是楊式太極拳的分支。可以說在上世紀30年代之前，社會上流傳的太極拳主要是楊露禪傳下來的，那時候是沒有流派之說的。陳式太極拳雖然也起源較早，但在1926年之後才廣泛面世。到了20世紀30年代之後，由於種種原因，太極拳才有了流派之說。

楊家太極歷來尊崇武當張三豐為太極拳祖師，由張三豐數傳至王宗岳，王宗岳傳蔣發，蔣發傳陳長興，陳長興傳楊露禪這種說法已經相傳了一百多年。

1931年，楊澄甫先師在《太極拳使用法》之《太極拳原序》中說：「太極拳傳自張真人，真人，遼東懿州人，道號三峰，生宋末。」

1934年，楊澄甫先師又在《太極拳體用全書自序》中說：「先大父更詔之曰，太極拳創自宋末張三峰。」「陳長師，乃蔣先生發唯一之弟子。」翻譯明確一點，就是楊澄甫說：「我爺爺說，我們的祖師是張三豐，我爺爺的師爺是蔣發。」楊家的後人和主要傳人的著作都如此說，從楊露禪傳授太極拳至今以來都沒有改變。

曹彥章

　　楊式太極拳的創始人是楊露禪，是第一代，他原來是學陳式太極的，跟陳家溝陳長興學習。他是河北永年縣人。他家裡面比較貧寒，從小也是練武的，開始練過少林拳。後來在他們老家練的是綿拳，風格舒展大方，舒展大

曹彥章太極拳勢

方但不拘緊，走出來的架子形如流水，後來發展出了楊式太極拳。

到楊澄甫就總結了「楊式太極十大要領」，如「邁步如貓行，運勁如抽絲」「虛靈頂勁」等，形成了系統的特點和風格。楊澄甫定式定的85式，真正的拳是108式。現在楊澄甫弟子學生在全國傳播就是以85式為主，教出來的人比較容易接受。很少有人教108式了，但是內功都是108式的動作。

吳式太極拳脫胎於楊式太極拳又自成體系，風格獨具，有「長壽拳」的美譽，出現了大量高壽的拳家，如馬岳梁、吳英華、吳圖南、楊禹廷等。

吳式太極拳由全佑所創，其子吳鑒泉為拳架定型做出了重要貢獻。楊禹廷、徐致一等人也為吳式太極拳的發展

吳鑒泉像

王茂齋像

發揮了突出的作用。

周世勤

　　吳式太極拳是太極拳當中一個重要的流派。清朝同治年間的時候，太極宗師楊露禪在端王府教太極拳，當時他從「神機營」（又叫「火器營」）中選了幾位，其中有凌山、萬春和全佑，突出的是他們三個人。三個人有不同的特點，像萬春是剛勁，凌山是善發勁，全佑善柔化。後來根據楊露禪的安排，開始是三個人向楊露禪學大架，後來全佑又去跟楊班侯練小架，逐漸形成了小架善柔化這麼一種風格流派的太極拳。

　　奠基人是全佑，北京大興人。當時大興實際上包括北京東城的一部分和現在大興縣的一部分，過去歷史資料上叫河北大興，實際上就是現在的北京大興。他教了一些徒

吳式太極拳推手　翁福麒演示

弟，比較傑出的是吳鑒泉和王茂齋，他們倆是親師兄弟。王茂齋是山東人，後來以吳鑒泉、王茂齋為代表的這個小架善柔化的太極拳，就稱為吳式太極拳。

吳式太極拳是以柔化著稱的，動作比較柔和、規矩、輕鬆自然、連綿不斷，拳勢比較

吳式太極拳　翁福麒演示

小巧靈活，拳架子也是比較開展緊湊，緊湊當中又不顯得非常拘緊。吳式太極拳圓活，動作貫穿，它的推手嚴密，細膩嚴謹，招式隨著對方的變化而變化，變化多端，所以守靜而妄動，尤其以柔化為主。

武式太極拳由楊露禪同鄉武禹襄所創，有文人拳的風範。武禹襄不僅武功精湛，在太極拳理論上更是成果卓著，流傳有許多重要的太極拳經典篇章。

如今在河北永年坐落著兩個太極拳紀念勝地，楊露禪故居和武禹襄故居，來紀念這兩位為太極拳做出極大貢獻的傑出太極拳家。

北京大學學習武式太極拳的愛好者

翟維傳

武式太極拳是太極拳五大流派之一，發源於河北永年廣府城。祖師是武禹襄，在武禹襄之後輩輩相傳，發展到現在，已經發展到七八代了。以前習練者主要在河北，現在全國各地都有很多練武式太極拳的了。

鐘振山

武式太極拳的特點是姿勢比較緊湊，動作比較簡潔，外柔內剛，剛柔相濟，俗稱是「幹枝老梅」。

其身法要求比較嚴謹，嚴格遵照武式太極拳的身法要求，「提頂、吊襠、裹襠、護臀、含胸、拔背、鬆肩、沉肘」，行功走架，立身比較中正，八面支撐，動作緩和。

武式太極拳如幹枝老梅
鐘振山演示

武式太極拳氣勢飽滿
姚繼祖演示

氣勢比較飽滿，每勢都是以起承開合相連接，身體前進後退左右旋轉，完全用的是扣碾的步法，就是一隻腳跟轉，另一隻腳前掌碾。像扣碾步法，就是左腳腳跟轉，右腳腳尖碾。所以，它的步法比較靈活，身體比較中正，這完全是利用內氣潛轉和內勁虛實轉換來支配外形動作，上肢動作比較小，動作就比較靈活。

　　再一個就是開合隱現，就是開、合、隱、現。「開則俱開」，就是周身骨節肌肉群微有開展的意思。開為發，發的神意微現於體外，就是微微現於體外，這是發勁。「合則俱合」，就是周身的骨節肌肉群微有收縮的意思。合的時候是收縮，合為收，收的深意隱運體內，就是運力的意思就隱在體內，就是外面看不到。

武式太極拳的步法比較輕靈、靈活，最大的特點是進步必跟，就是往前進一步跟一步。退一步必撤，虛實比較分明。

　　手法以手掌為主，這叫立掌，就是五指自然伸開，虎口要圓，五指自然彎曲，左右手各管半邊身體，就從鼻子到尾閭的中線，就是左手管左邊，右手管右邊，兩手不可以越。出手高不過眼，往前出手的時候，高不能超過眼，低不能超過口，一般都指的是主手，就是發力這個手。所以上下要相隨，上下就是手跟腳，腳到手到。「左右相應」，就是兩隻手雖然是各管一面，但是兩手要互相呼應，要聯繫上。「內外相和」就是以內帶外，四肢的運動是在腰部帶動下來運動。

武式太極拳開合隱現　　　　　武式太極拳左右相應
　　鐘振山演示　　　　　　　　　鐘振山演示

武式太極拳小中見大　鐘振山演示

　　總的來講，武式太極拳的動作比較簡潔，內收外放，小中見大。武式太極拳稱為是小架，雖然小，但是小中能往外開大的那種神態。它內涵比較豐富，技擊性比較強。因為上肢的動作很少動，都是在腰的帶動下來完成的，所以這又形成了獨特的武式太極拳的特點，就是姿勢緊湊，動作簡潔，就像幹枝老梅一樣，只有幹枝，很少有梅花和綠葉來襯托。

　　孫式太極拳由近代傑出武術家孫祿堂所創。孫祿堂精通太極、形意、八卦三大內家功夫，其三家合一的特點享譽海內外武林界。他將這三家之長吸收合併，悟創了孫

式太極拳。孫式太極拳
講究開合進退，練形練
意，為養練結合的優秀
拳種。

孫婉容

孫婉容演示孫式太極拳勢

孫式太極拳是我爺
爺孫祿堂創編的，它具
有獨特的特點。孫祿堂
創編孫式太極拳是他在
習練形意拳、八卦掌已
經很有成就，他考慮了
「武與道合」的時候，
他悟到這些武術「其理
則一」，太極拳的核心道理也應該是統一的，他就想掌握
一下太極拳。後來有一個機會他跟郝為真老師學了太極
拳，學了以後他就把這些武術融合在了一起。

所以說，孫式太極拳是孫祿堂武學發展的一種飛躍，
一種集大成之作。

孫式太極拳的主要特點，一個是純任自然，一個是進
退有章法，邁步必跟，退步必撤。跟得很緊，出手比較
快，身法、步法上就有形意拳、八卦掌的東西在裡面。再
有一個，孫式太極拳的方向變化比較多，四面、四隅都
有，四面八方都有，在靈活性上跟八卦類似。但孫式太極
拳的動作又不是照搬形意拳、八卦掌，而是體現太極拳的

特點。更深入一點說，它是由
太極拳這麼一種形式，體現中
國武學的高境界。

周世勤

孫式太極拳是具有獨特風
格的優秀傳統太極拳的流派。
孫式太極拳的創始人是孫祿堂
先師。

1872年孫祿堂宗師拜形意
拳的名家李奎元的名下，1875

太極名家郝爲眞

年經李奎元老師的引薦，隨師祖、河北省形意拳的鼻祖郭
雲深又學習形意拳8年，深得形意拳的精髓。

武術名家周世勤談孫式太極拳創立

　　孫祿堂先師在學習形意拳多年以後，1882年又拜八卦掌名家程廷華先生習練八卦掌，深得八卦掌的精髓。孫祿堂先師1912年拜太極拳名家郝為真先生習練太極拳。當時郝為真先生有病，孫祿堂宗師把郝為真先生接到家裡來，像對待父母一樣認真地伺候，後來郝為真很受感動，傾囊相授，把太極拳的一些真諦傳給孫祿堂宗師，所以應該說也是深得太極拳的精髓。

　　孫祿堂先師經過幾十年的深修、研悟，將形意拳、八卦拳、太極拳三門拳術從理論到內容提高昇華融合為一，

孫式太極拳講究中和　孫劍雲演示

在1919年創立了具有獨特風格、自成體系的孫式太極拳。

孫式太極拳最中心的特點是講究中和，就是說演練孫式太極拳時，要求周身內外要體現出虛實轉換，開合相接，動中求靜，變中求整，達到內外合一，神氣合一，內勁中升。

過去孫祿堂先生提出來，習練孫式太極拳身態要求有「九要」，這是孫式太極拳的習練規範。九要指的是「一塌，二扣，三提，四頂，五裹，六鬆，七垂，八縮，九起鑽落翻要分明」。還要求「頂」字。「頂」字是指頭頂豎項，推手中內勁要發出去的話，必須得頂一下，腦袋往上

「九要」是孫式太極拳的要領規範　孫祿堂演示

太極、形意、八卦雖分三派，合於一理　孫祿堂演示

頂，否則的話，你內勁推不出去。

另外，孫祿堂先生還提出了「避三害」的練拳原則。避三害就是要求練拳時切忌努氣、拙力和腆胸提腹。這不僅是對孫式太極拳，對各種太極拳的練習都很有意義。

孫祿堂先生首先是學的形意拳，後來又學的八卦拳，以後又學的太極拳，他覺得這三個拳法，本身應該是有很多共

孫式太極拳名家孫劍雲

性的東西，所以孫祿堂先生認為形意、八卦、太極是一個有機的拳學整體，三者的關係是互補、互融，並且指出形

孫永田孫式太極拳勢

意、八卦、太極三派的拳術之道，始於易理，終分三派，又複合為一理。

孫式太極拳的第二代掌門人是孫劍雲老師。孫劍雲老師得其家傳，幼庭承訓，隨父親學拳。孫劍雲老師對於武術非常熱愛，終生從事武術教育推廣事業。剛開始的時候孫祿堂宗師還不大肯教，說女孩子練什麼太極拳。但是孫劍雲老師就是堅持在一旁看，在一旁學，看得仔細，學得用心，很是中規中矩，非常靈。後來孫祿堂宗師看她的確有興趣，也有悟性，就專門教她。所以應該說得其父真傳，並且形意、八卦和太極，這幾方面都完整地繼承下來，特別是孫式太極拳，把孫祿堂宗師創立的孫式太極拳繼承發展推廣到大江南北、長城內外。

孫劍雲老師教了很多優秀的學生，對太極拳的傳播、發展起到了很重要的作用。具有代表性的如孫永田先生，在孫祿堂創始的孫式太極拳和孫劍雲先師繼承全面發展孫式太極拳的基礎上，根據現在的新的形勢，與時俱進，不斷地把孫式太極拳推向社會，造福人類。

余功保

太極拳和中國其他的傳統武術拳種一樣，也具有流派眾多的這麼一個特徵。它一方面反映了中國武術的豐富多彩性，另一方面也反映出中國武術的理論架構、技術結構比較複雜這麼一個特徵。

我們考察研究太極拳流派形成的原因，對於研究中國武術其他拳種的流派成因，也有著很好的借鑒作用。

六大流派之陳式太極拳
陳正雷演示

六大流派之楊式太極拳
趙幼斌演示

六大流派之吳式太極拳
劉偉演示

六大流派之武式太極拳
吳文翰演示

六大流派之孫式太極拳
李斌演示

六大流派之趙堡太極拳
吳忍堂演示

　　關於太極拳主要流派的說法，在20世紀80年代，稱為「五大流派」，就是陳式太極拳、楊式太極拳、吳式太極拳、武式太極拳、孫式太極拳。到90年代中後期，開始有「六大流派」之稱，在五大流派之外，又加上影響比較大的「趙堡太極拳」，有的稱為「和式太極拳」。當然，除了這六大流派之外，還有許多其他的在各地流傳的太極拳的流派。

　　太極拳流派形成的原因，我想主要有以下幾個方面：

　　第一個方面就是文化的因素。因為中國的傳統文化歷史悠久，源遠流長，在文化上也存在著不同的學派，同一種學派裡邊還有不同的分支，那麼這些文化對於中國傳統的太極拳的滲透和影響是許多方面的。由於文化背景的不

文化因素是太極拳流派形成的成因之一

太極拳流派風格受到地域因素影響比較大，
中原大地孕育了名揚天下的陳式太極拳

同，學術觀點的側重點不同，就形成了不同的太極拳流派
的學說，每一種太極拳在具體的理法結構上都是有所區
別，強調的側重點不一樣。

　　第二個成因就是區域的因素。就是在不同的地區對太極拳流派的形成具有重要的影響作用。中國幅員遼闊，地大物博，在古代社會當中，由於資訊、交通等方面還不太發達，所以在地域間的經濟發展的程度、經濟發展的模式、文化的側重點，乃至政治的模式都有所差異，這些差異，直接影響著人們的思想生活方式行為規範，這樣也就很自然地影響到太極拳流派的形成。

武術家的個性因素造就了
太極拳的不同風格

　　第三個因素就是武術家的個性因素。因為太極拳是由人來創造、由人來傳播的，武術家的個性都會有千差萬別的區別。比如說他的本身的習武的經歷，本身的身體特點、生理特點、心理特點都有所差異，本人的修養學識也有所差異，特別是創立太極拳學派的核心人物，以及他主要的傳承人的個性，對太極拳的流派、對太極拳的技術風格，乃至他所重點汲取的中國傳統文化的學說，都會有著至關重要的作用。

　　第四個方面，太極拳的傳承，或者說它的流傳系統的因素。因為在過去的太極拳的流傳，不同的流派有不同的

太極拳流傳系統對風格的形成也起到了重要作用。
楊式太極拳以北京爲核心，輻射到全國各地

傳承的方式。開始的太極拳是在山村裡面、在深宅大院、在自己的家族的內部來流傳，陳式太極拳長期以來是在河南陳家溝陳氏家族內部流傳。楊式太極拳，楊露禪學拳以後，開始也只在永年流傳，後來到了北京，才廣泛地向社會傳授。武式太極拳，武禹襄創拳以後，傳給李亦畬，他們也只是在永年廣府一定範圍內傳拳，到了第三代郝為真以後，才廣泛地將武式太極拳傳播開來。

所以，每一種太極拳流傳的方式、傳承的序列有所不同，在這個期間，流傳的過程中對於太極拳風格的形成，也有著很明顯的影響作用。

歸納以上這幾個方面的原因，太極拳在發展過程當中，在具體的拳理和具體的功法技法上逐漸有了分化，比如說有的強調剛柔並濟，有的擅長柔化，有的講究綿裡藏

針、連綿不斷等等，風格上有所區別。但是，所有太極拳
流派核心的理論基礎和它核心的技術規範很大程度上具有
一致性和相通性，否則它就不能成為太極拳。比如說核心
的理論就是陰陽和諧、天人合一、整體觀，這些方面是一
致的，比如說核心的技術，以柔克剛、隨曲就伸、動靜相
生、四兩撥千斤等等，這些技術要領上也都是統一的，所
以太極拳的流派基本上可以稱為是「合而不同」。

太極拳的核心拳理和基本技術特徵具有一致性和相通性。楊式太
極拳、陳式太極拳形態動作風格差異較大，但內核相通

阮紀正

拳法的東西往往因為師承不同，而且有的地域的風格、個人的領會不一樣，變化的就比較多，可能會產生變異化。

梅墨生

中國書畫講究「書為心畫」，就是它任何一個筆法，一個點化出手都是你這個人心性的流露，剛性的人寫出的線條是比較剛勁、剛強的；比較溫柔的人寫出來的相對比

唐代書法家張旭性情狂放，其書法也縱橫不羈

鄭曼青太極拳勢

董英傑太極拳勢

較柔和一些;一個大方的人、一個大氣的人他的線條是比較開放的,而一個比較瑣碎的人,他的筆道相對是比較內斂的。

那麼,在太極拳裡也可以說「拳如其人」,如人的什麼呢?心情、氣質,字為心畫,拳為心聲。太極拳其實具有千變萬化的風格,一個老師同樣傳授幾個弟子,每個弟子打出來都不一樣,那就是拳「法門為一」,然後風格各異。同樣咱們都寫楷書,同樣咱們都練顏體,但是每個人體會學出來的顏體總會有所不同,這就是一本萬書。

我覺得太極拳跟書畫在人的心性這方面都是一種很精確的傳達,我覺得這是太極拳魅力的很重要的一方面。它是同中有異,異中有同,大同而小異,正因為這一點,說

明了太極拳的包容性和它蘊
含的東西特別豐富，它不是
枯燥的、簡單的幾個招式、
幾個套路。何況太極拳本身
還有六大門派，六大門派裡
還有那麼多傳人。所以，我
覺得太極拳的流派就像中國
的書法一樣，那麼多體式，
但每種體式都有很寬廣的包
容性。

比如就字體來說，
「正、草、隸、篆、行」五

太極拳是一種綜合性的中國
傳統文化形態　梅墨生演示

陳式太極拳白鶴亮翅
李經梧演示

楊式太極拳白鶴亮翅
李雅軒演示

體，這就是書法的流派，如同太極拳的五大流派或六大流派。在書法中，同樣是楷體，也還有萬千風格。太極拳中，同樣是楊澄甫一門楊式太極，那打出來以後因為其十大弟子傳授的不同，也有不同風格。你看鄭曼青打得那麼內涵文雅，董英傑打得那麼浩瀚沉雄，同樣都是楊澄甫的弟子，這就不一樣。

拳品如詩品　李經梧演示

　　我覺得在這一點上，太極拳與中國的其他藝術門類也都是一樣的，在這個意義上我就想說，太極拳本身也是一門藝術，它更是一門學問，它還是一門技擊功夫，所以它是集功夫、藝術、學問、文化與一身的一門傳統的文化，完全成為太極拳的運動文化。

　　中國《易經》講「形而上者謂之道，形而下者謂之器」。太極拳，我覺得以它的運動方式來體現中國的文化之道，當這些東西是圓融在一體的時候，就是極抽象的哲學概念和最具體的形而下者實現了統一，有高度，有深度，有厚度。具體的招數法門，八門五步都是，四正四隅，這都是太極拳的「形」。它承載了「道」。

我覺得像有些門派，同一個招數架勢，有許多式子由於傳承的不同，演化成的形態也不同。比如同樣一個「白鶴亮翅」，在楊式裡面是那樣打的，在陳式裡面是那樣打的，在武式裡面是那樣打的。有的拳式相同，但名稱也發生了變化，比如有的叫「倒捲肱」，有的叫「倒攆猴」，這也是一本萬書。

　　過去禪宗有一個說法叫「月映千川」，天上的月亮是一個，但映到下面一千條河流裡就有一千個月亮。當我們看形而下的河裡的月亮的時候是一千個，我們看天上那個月亮，即本就是一個，所以一本萬書。太極拳也是這樣。

　　禪宗講「一花開五葉」，我想太極拳也有點兒是這樣。真正如人所言，太極拳誕生於中華文明的歷史脈絡，它是中華文化的整體塑造了武學的這麼一門學問、一門文化，或者一門功夫。

　　當我們談某個人的太極拳風格的時候，完全可以用談詩的風格、談音樂的風格、談繪畫的風格、談書法的風格來比喻。比如說行拳自然，比如說行拳舒展，比如說行拳行雲流水，比如說行拳非常的有氣勢，功力深厚，比如說行拳的沉雄豪邁，行拳的綿密細膩等等，其實都可以用唐代司空圖《二十四詩品》這樣的理論來評說。

阮紀正

　　任何一個事物的發生、發展都有一個漫長的過程，太極拳積澱的文化要素特別多，所以它的形成應該是比較慢的。我把它的歷史分為三段來討論，第一段叫做前史。

中國古代內功理法的發展對太極拳功技系統的形成有很大影響

　　它以前的因素，與之相關因素的起源非常久，「太極者無極而生」，這個「武者，巫也」，任何人類的文明活動，最早的形態都跟武術有關，跟先秦諸子的一些思考是相關的。比如說跟《周易》裡面那一個基本的思維模式、思維結構、陰陽對峙的結構也是相關的。中國武術講「拳起於易，理成於醫」，就講了它的源頭，跟「易」那種思維結構，陰陽對峙的結構是密切相關，醫就從人體模型上面，給它提供了可操作的人體活動的一個指引。另外還有兵法，兵法給它提供了一個攻守進退的武術框架，後來它基本的價值取向是道家的，是陰柔那個取向，後來把先秦

諸子很多東西，魏晉的玄學，「言意之辯」「有無之辯」，還有隋唐的佛學和道教裡面很多東西都吸收進來了。它的理論框架應該是宋明理學的，因為宋明理學在中國哲學史上是一個集大成的東西，它把原來的宇宙演化論，轉化為一個哲學本體論。太極這個模型解釋能力特別強，所以說太極拳就是在太極文化、宋明理學那個太極模式指導下形成的，這些都叫做前史。

　　另外，它有形成史。形成史我更注重的是技術的演化，它的技術的演化大概有幾個東西，一個是武術的發展，武術攻守進退的基本框架、技術的發展。一個是氣功的發展，還有一些藝術形式的發展，比如雜技一類的藝術形式發展。

　　透過技術發展，按照我的理解，太極拳一些技術手法

健身性是當代社會太極拳最主要的功能需求

是跟使用器械有關的，這是技術演化給它慢慢構成的。

太極拳還有流派的分化，以及它的轉型。流派分化我把它放在技術形成裡了，因為它是百花齊放，從不同的角度來形成自己的一些風格，所以流派分化跟技術的形成是緊密結合在一起的。

最後，是後史，後史就是轉型史。轉型史在民國時期已經開始了，因為根據社會需要的變遷，傳統的技擊逐步退出了社會需要的舞臺，它就逐步向健身方面重點發展。從民國開始一直到新中國成立以後，這個趨勢越來越明顯了，原來的技擊越來越淡了，但是健身方面就越來越加強了，那是屬於轉型史，我是把它作為一個歷史來看的。

《太極拳論》曰：「拳者權也，雖變化萬端，而理為一貫。」儘管太極拳流派眾多，但都統一在陰陽和諧的大原則之下。太極拳不同流派的存在，為我們的練拳提供了多種選擇的可能，也為我們互相印證、交流、提高，提供了方便條件。

〈3〉

太極拳內功的奧秘

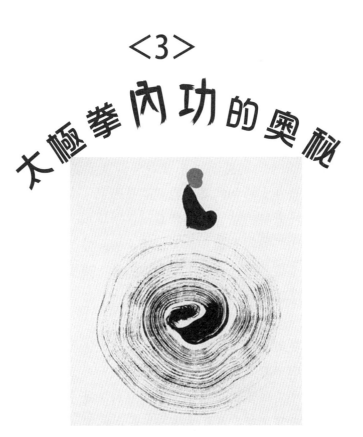

太極拳作為一種內家功夫，內練是它的基本特徵。而長期以來，太極拳內功卻被披上了一層神秘的面紗，視為外不傳人的絕學，頗有幾分玄妙的色彩。在一些武俠小說和武俠電影中，太極內功也被渲染得神乎其神。

　　其實太極內功並非那麼高不可攀，只要正確把握要領，一般人都可學會。當然練習的功力深淺，那要看自己下工夫的程度和悟性了。

余功保

　　太極拳的內功，長期以來被很多習練者看為高深莫測，其實它是在太極拳的基本原理的基礎上，進行人體自我修煉的一種鍛鍊方法、一種體系，它所秉承的依然是太極拳修煉當中的陰陽平衡、內外和諧、形神並練、動靜相生這樣一些主要的原則，經由不斷地鍛鍊，來提高人體自身的健康水準和自身的技擊的養生成效。

　　在太極拳內功的練習中，一個重要的方法是樁功，許多太極拳家都十分重視樁功的鍛鍊作用，如無極樁、混元樁等。樁功也是許多武術流派共同注重的，是中國武術的獨特之秘。由靜生動，內氣運轉，意形合一。

　　練習太極內功，樁功是必不可少的一個環節，貫穿於入門和提高的所有過程中。

阮紀正

　　無極樁，就是讓你怎麼樣理解無極。你要一起勢，就

是太極，如果別人來問拳的時候，你一定要有這個無極的
狀態。

我特別重視這個起勢，起勢就讓你領會無極進入太極
的過程，是怎麼進入的，怎麼變化的。無極不變陰陽，但
不變陰陽混沌的時候，你必須要各個方面尋找它，感受它
的一個自然狀況，找到自然混沌那個體會，找到以後把什
麼都忘掉。

太極一動，就開始分陰陽了，一分陰陽就有了動靜，
有了動靜就有開合，有開合就有進退，有進退就開始攻
守，這一整套，就是這樣演化出來的。這裡都需要你經由
動作慢慢來體悟。

怎麼一靜一動，靜了怎麼變成動，動又怎麼回到靜，
這裡面很多東西是要由無極樁為基礎的。有了很好的無極
樁功夫，你對內氣的深入
體驗程度，你對身體變化
的敏感性就大大加強了。
然後透過起勢，由無極到
太極的變化，這個過程非
常重要，起勢做得好，整
個套路就是在一個太極狀
態中運行了。如同火車進
入了正確的軌道，這個軌
道就是內功的軌道。

起勢做好，還要再加
上收勢。內功的重要一個

太極拳的無極狀態　王繼升演示

做好太極起勢，進入內功軌道
王繼升演示

太極收勢讓太極回歸無極
王繼升演示

環節就是收功，做不好收功效果就大打折扣。太極拳收勢是讓太極回到無極，起勢就是從無極進入太極。

所以練拳一開始，首先站好無極樁。身體進入自然狀態，放鬆站好，雙手一起，前面一拉，分兩點，明三節，有上下。「分兩點」，前面領勁點，後面發勁點，分開的，前面推的時候，後面又拉了。「分三節」，梢節、中節、根節，三節出來了，氣就往下沉，神往上升，這又是一個陰陽對峙的狀態。這個從《周易》來講，就是水火既濟，也就是心腎相交，所以有上有下，有左有右，有前有後，這就給它分出來了。

動作起來進入太極時，一開始你要找一個無極。站好了無極樁，就能找到那種最自然的狀態，要把什麼都忘

阮紀正太極拳勢

掉，不辨東南，不辨西北，不分陰陽，忘掉。然後丹田前面一轉，馬上就清氣上升，濁氣下沉，也就是神往上升，氣往下沉，然後動作一出去，就伸出去了，伸出去然後分出前後，有了動靜，就開始開合進退，整個動作就開始進入了。

陳小旺

無極和太極是太極拳內功的兩個狀態，可以透過練習樁法來提高功力。樁是太極拳的一個基礎。過去有的人把「單鞭」或者「懶紮衣」叫無極樁，我認為這不是真正的

無極樁。

什麼是無極呢？正中是無極。氣在丹田運轉，就是太極了，我把它叫作中定樁。前進、後退、左顧、右盼、中定，這是太極拳的幾種基本運勢。

什麼叫中定呢？運腕一沉，這是中定，「斜行」完了一沉，這是中定，「單鞭」完了一沉，這是中定。氣在運化之間和停下來不同，動的時候就像拿個石頭放到水裡，水紋波開，當你不動的時候水面恢復平靜。我們動的時候氣會這樣跟著走，我們站著不動了，它就恢復平靜了。氣達到丹田核心，內有臟腑外有肌膚全都貫通，這就叫中定。這樣練法，才是太極內功的練拳法。

陳小旺太極拳勢

太極拳之中定　陳小旺演示　　陳式太極拳之單鞭　陳小旺演示

崔仲三

　　練太極拳要練樁功，比如渾圓樁、調息樁等等。為什麼？為了讓你對太極拳的動作有一個真實、直觀的感覺。太極拳勁力比較複雜，要把它描述得很清楚，比較難。開始的時候我可以告訴你勁力在哪兒，怎麼運用，但是真正到你體會了並且能表現出來，這是一個過程，這也是你磨鍊的過程。

　　要比較快、比較準確地完成這個過程，除了拳架動作之外，還可以透過一些輔助的方式，樁功是一種重要的方式，是內功的方式。比如說我們可以練一練混元樁，由兩臂的平曲、掤勁，達到一個身形、外形和內在感受相統一

崔仲三講授太極內功

的練習。這其中還要有一些調息的練習，實現一種柔和的、身體內在的力量的升與降和你動作的開與合之間有一個有機的配合。

太極內功還可以由各種動功的方式進行，體會到太極拳勁力的不斷的變化。我們平常說起承轉合，有起有承，有轉有合，這是太極內功中重要的要素，就是在變化中使身體成為內外協調的一個

起承轉合為太極內功之要素
崔仲三演示

整體。

　　樁功練習，一是為了更好地體會每一個動作，或者某一個動作的勁力；再一個，也增加了你對肌體各個不同部位的肌肉的感覺，乃至你身體骨骼成為一種什麼的形狀，達到最後太極拳所說的天人合一的感覺。

翟維傳

　　練太極拳要先站渾圓樁，這是太極內功的基礎。樁功能有效鍛鍊意念，練太極拳就是透過意念的活動，走轉身體，調整身法，有了意念和動作的配合，內功才能實現。

　　我認為，太極拳就是一個動氣功。它完全是以內動帶外形，講究整體渾圓，以內動帶動外形，以內氣的潛轉，即由看不見的內氣的潛轉，帶動肢體的動作。內功的幾個要素：精神、意念、氣，缺一不可。練太極拳講究意到、氣到、勁到。由意念的支配，使動作上升到內功的層次。

翟維傳講解太極渾圓樁

太極拳是一種動功　翟維傳演示

劉建波

太極內功以活樁為主，實際上練拳盤架子當中就是在紮樁，每一個動作都是樁，像八卦掌一樣，像形意拳一樣，內功化的運動就是樁。

形意拳、八卦掌有定樁，太極拳也有定樁。實際上好多老師都講，盤架子就是站樁，

太極拳每個動作都是樁　劉建波演示

它叫作活樁。比如起勢你起半個小時也可以，一分鐘起勢也可以，幾秒鐘起勢也可以。有的打得很慢，太極拳慢練當中奧妙無窮，把細微的東西放大了，關鍵是慢中注意體會。

余功保

太極拳內功主要的鍛鍊方式有這麼幾種：

一個是靜坐，由靜坐來使大腦、使你的精神進入一種靜謐的感受，這樣就能夠深切地體察人體內外的種種變化，尋找一種合理的、優化的狀態。

另外一種鍛鍊方式就是站樁，在太極拳當中比如說有無極樁、有抱球樁，還有其他各種各樣的樁法，透過樁法的鍛鍊，起到一種把握陰陽、提挈天地的作用，使人跟自

靜坐是太極內功鍛鍊的一種方式

然界的交流、跟自然界的
溝通得到進一步的加深，
促進自我各個系統功能的
提高，促進血液循環，促
進內氣的鼓蕩充盈。

　　還有一種可以稱為動
樁的鍛鍊方法，它也是一
種樁功。與站樁不同，它
是一種動態的樁功，一種
常用的鍛鍊方法就是提取
太極拳的一些典型的式子
來進行單一的動樁的練習。

行拳練內功　　白玉璽演示

　　除了這三種單獨的內功的訓練方法以外，另外一個最
常見的練習內功的方法，就是結合著拳架的，就是行拳練
習內功的方法。

　　那麼，它就要求在行拳當中要充分地運用導引、行
氣、意念等等的方式，把握住內外合一的原則，由外形的
引導，來達到內氣的萌動，來達到固本培元、強身健體、
提高技擊能力的作用。

　　李經梧是20世紀一位傑出的太極拳家，他是太極內功
的一個重要宣導者。他在20世紀80年代初就出版了一本
太極內功的圖書，講解其中的奧妙。

　　他認為太極內功是由意念活動與拳式結合，並配合吐
納導引的運功方法。他強調，太極內功不僅可以提高拳術

的鼓蕩氣機和技擊能力，
而且有著很高的醫療保健
作用。

梅墨生

李經梧老師教拳讓學
生必練內功，並且親自示
範，身體力行讓我們體
會，由推手等方法體會內
功技擊的威力。老師生前
還讓我摸他的身上，進入
太極狀態是什麼感覺。當
我摸他的丹田的時候，整

李經梧太極拳勢

個腹部，由前面到後面命門，有大約半尺寬的一個氣帶。
太極內功後來練到這個地方就是帶脈。

他說一般人的健康只要十二經脈暢通，往後如果任、
督脈再通，那就已經是很健康有功夫的人了。但是他說要
真正有技擊的功夫，能接手，一定得有帶脈功夫。所以他
整個這一圈跟一般人不一樣。

他說一般的人只在丹田這兒有一塊，後面命門或者再
有一塊，這兩處根本就連不上。但是李老師那裡我一摸，
整個這是一圈，很堅實、很渾厚，但是他要一鬆掉，柔軟
如棉，沒有了，他說這就是運氣、運功。他解釋說帶脈這
是一圈，太極功夫所說「命意源頭在腰隙，刻刻留意在腰
間」，關鍵就是命門、帶脈。

李經梧老師還講解過太極拳內功的「哼哈勁」，就是在放人的瞬間，眉頭、喉頭，叫「喉頭永不拋」，他說實際上用意在神，最後太極拳是神氣打人。

李老師最大的一個特點，包括教拳，就是反對用招。不用招數，要太極勁打人，要用太極功夫養身。他反對用招數，更反對用笨力、本力、僵力、拙力去跟別人較勁，他說那不是

李經梧內功講究練功不用招

太極功夫。他有時候也歎息說太極功夫已經渺而難求了，現在有真功的人已經是少之又少了。

太極拳與道家有著千絲萬縷的聯繫，有的人甚至認為太極拳發源於道家。無論如何太極拳在理法上與道家學說有很大的相通性。道家對於內功修煉的一系列學說在太極拳中也有著充分的體現。

游玄德

道家的養生講究內功。它的內功方法很多，比如在很

早的時候就有了吐納技術，這是道家在練內功的過程中總
結出了一套生命科學的方法。太極拳也是一種內功，它也
是根據道家的理論創立的。太極拳有很多要求，比如沉肩
墜肘、含胸拔背、立身中正等。沉肩墜肘要求你身體結構
要達到一種相對和諧。

　　太極拳說墜肘、沉肩、含胸，是一體化的，這個一體
化解決什麼問題？解決你內臟的保護和運化，如果你整個
心肝脾肺腎不能達到良好的運化，你想健身保健就比較困
難。所以說太極拳裡面第一個要領是沉肩墜肘。

　　第二個是含胸拔背。沉肩墜肘、含胸拔背、氣沉丹
田、動如抽絲、靜如山岳。

　　當然還有很多《拳經》上的說法，比如說在《拳經》
中講「動之則分，靜之則合」「運勁如九曲珠」，像珠子
一樣，沒有什麼障礙。「無微不至」，就像水一樣，沒有

太極拳內功與道家養生理法一脈相承　游玄德演示

哪個地方不會到達。

　　這個思想體系是把力學、心理學、生理學,這些學問融合在你身體裡面並表達出來。所以真正做一個武術傳人,做一個武術家,他需要很多學問融合在一起的,不是會打拳你就是武術家了,那只能說是一介武夫。所以對武術理論的研究和對武術技法的運用,中間要一體化。

　　所以我們在練習過程中,你的整個過程下來一定要到位,就像高山流水一樣雲霧繚繞,你這個人體就像天柱峰一樣,然後山環水抱,氣勢騰挪,這個你做下來像一座雕塑一樣,你再起,然後這個過程,是鬆腰、鬆肩、鬆胯,鬆下來的,不是手往下落,是鬆下來,自然地膨脹起來。而這個過程前後左右給人的感覺就是渾圓一體。

　　這個過程中,你在轉腰,不要轉手,轉手就錯了。所以說太極拳裡面講,腰為第一主宰,這個過程轉到位再

渾圓一體　懷抱太極　游玄德演示

抱。懷抱太極，手中間有抽絲之勢，像線裡面抽絲一樣。你就發現所有動作都是在連綿不斷當中展示出來，而且掌心含空，像龍抬頭一樣，走下來。這樣練習才有內功。

　　練太極拳也是我們學做人的過程，要一身正氣，給人感覺起來光明磊落，不可以有歪斜之勢，前俯後仰，這都不好。往回走的過程中也是屈膝，重心後移，腳內扣再環抱。這個過程中，手還不能往前推，往前推就是錯的，就缺乏了一種神韻，你必須像雲霧一樣，它有一個主題合上來，不是推出來，就是要合，再下。

　　然後腳步，我們注意看腳步，腳步如鶴行。很多道家人非常講究鶴，認為有鶴的地方一定有神仙。這個鶴步很重要，我們走的過程中，這個過程很輕盈。所以腳下的動作一定要注意輕盈圓滑，腳步不可以呆滯，不可以笨拙。有些人上步上不來，有些人上的步很飄浮也不行，一下上

練太極拳要有正氣感　不可歪斜　游玄德演示

來，這就錯了，你必須走出來以後輕盈。

撤步的過程中，身體不可以前俯後仰，一定要達到立身中正，八面支撐，身體不要歪斜，要正，要重心轉換。這個轉換的過程中，實際上對你所有的關節起到了一個很好的保健作用，這是我們大家必須要瞭解的一些基本內容。所以我們一說到武當功夫，一說到國學思想，有很多東西是互相感應、交叉使用，理論指導你的動作，你的動作更好地體現理論的思想，這個才是武當功夫的真髓。

你想更多地瞭解武當功夫，我想國學思想應該是我們重點要學習和研究的內容，這也是太極內功的一個重要方面，修內。

在傳統太極拳中，內功是一個被十分強調的概念，「練拳不練功，到老一場空」，講的就是內功。現在越來越多的練拳者也將內功作為自己研修的一個重要內容。

曹彥章

太極拳走起來以後，它不是走這個扭和僵，而要走出來都是鬆。人體全身有206塊骨頭，經絡、穴位幾百個，你把拳走起來，全身的關節、骨頭、經脈、穴位都要配合好，並走內氣，這就是太極拳的內功。

太極拳練氣的方法之一就是氣沉丹田，要有丹田的氣。把內和外相合，有個六合的東西，內三合、外三合。

人的形體各部分要合，內在的各個部分也要合，心與意合，意與氣合，氣與力合，這三個加起來你才能夠練到

你的內功。外形方面，肘與膝合，肘與足合，肩與胯合。

太極拳就是太極，太極是圓的，你不能打出棱角來，走出來都是圓的，它不拘謹，打出來要沉氣，鬆腰，抱起來就是球，出去不是直推，而是旋轉的，旋出來以後，兩手內和外相結合，這是太極拳的特點。

練太極要內外三合　**曹彥章演示**

高壯飛

我們說「內功」，這是它的一個方面，我們也可以換個角度來看，我認為太極拳的「內功」，也可以說是「外功」。要注意一些所謂的「外」的因素對「內」的影響，就是說你這人處在現在的位置空間，你周圍的環境狀況、你周圍相關聯的情況對你身體內部的影響。

你的動作很多方面都是以周圍狀況來決定的，「環境」決定一切，這個環境是一種大環境。不是說主觀的，如果是主觀的，我過去練氣功，我一下就想了到上海，那是你主觀的意念。

練內功必須要是客觀的，客觀就是你自己在周圍的範

太極推手是一種內外結合的過程　高壯飛演示

圍，每一個動作跟你的關係，這樣的話，你裡面動作要符合你周圍的狀況。比如太極推手，要運勁，人家來了一隻手，這隻手，它有力點，有支點，有重點，要打你哪，通過你哪打你哪，你都清楚以後，你用你的功夫才能化開，你不瞭解人家，你去用內功，那不行。所以「內」是要與「外」結合的。

莊子有幾句話說得很深刻：「物來則應，應而不藏，故功隨物去。」

「物來則應」，就是人要根據外界環境來進行應對，人的很多行為是對周圍環境的反應。比如你現在來了以後，我在這兒跟你聊天，是我和你之間的應對，假如沒有人在這兒，我一個人說什麼？這就是個環境問題，你提出問題，我就這麼說，這叫「物來則應」。

「應而不藏」，你問完了以後，我回答完了，不留尾

巴。如果我到家了，換了環境，還是這一套，那成精神病了。

「故所以功隨物去」，你身上的東西裡頭不存在任何東西，行無自住，外頭東西跟你裡頭各有各的一些東西，這裡頭有「空」的意思。

所以，我認為「內功」的修煉應該客觀，應該適應外界環境，當然具體操作

練太極內功要綜合環境因素
高壯飛演示

上，它有一定的功法。忽略「外」對「內」的影響，是很多人練太極拳內功的一個弊病。

翟維傳

武式太極拳分五層功夫。五層功夫層層遞進，由著熟而漸入懂勁，由懂勁而階及神明。也是由拳架到深層內功的過程。

武式太極拳的第一步，是招法，有動作，也有精氣神，那招法還沒有進入到太極拳的境界，長拳也有招，少林拳都有招法，任何一個拳都有招法。

太極拳進入懂勁以後，這是第二層，有了懂勁，你才

翟維傳講解太極內功

算進了太極拳門了。進入了懂勁以後，第三個找到什麼，找意念，就是找對方意念。就是在自己沒動手的情況下，就知道對方的「動靜」「消息」了。我出手叫你走你就得走，這裡面意念起很大作用，就是意念穿透他了。到了意念，這是第三層。

第四層是用氣。我的評價，照武禹襄祖師情況，他已經超過氣的功夫層次了，完全是以氣行拳，以氣變化，以氣運身。

第五層是到神，精神，他是跟你一交手，對你瞪眼人就得倒，這個精神有壓倒性的作用。這個說起來很玄妙，練到了才能真正體會到。武式太極拳就流傳下來這五層的功夫。

余功保

在太極拳的內功鍛鍊當中有這麼幾個因素要特別注意，要非常準確地把握。一個是意念，練習太極拳內功離不開意念的運用，意念的運用是可以調動我們人體各種潛在的能量，使人體的各個部分產生一種有機的、和諧的共振，從而激發體內的能量來調動全身的活力，達到很好的練習效果。

在意念的運用當中，第一要注意純，就是意念要保持

太極拳用意要恬淡虛無　吳圖南演示

很高的純度，不能雜，如果意念純度保持很高的話，那麼全身的運動就會非常有序、和諧，如果意念雜亂無章，那麼由意念引導的形、氣等等的綜合運動也會十分混亂，就達不到很好的成效。

意念運用的第二個要點，就是不能過，用意太多，在《拳論》上叫做「努」，意念一努，勁力就努，氣息就努，那麼就會產生憋氣，帶來種種的不良的後果，所以在意念當中運用，應該是純任自然、若有若無、恬淡虛無這麼一種狀態。

內功當中第二個重要的概念就是「氣」，練拳離不開氣，太極拳的內功更是一種行氣、運氣、導氣的學問。

對於太極拳內功鍛鍊來說，練氣是其最重要的概念和方法。太極拳是中國武術的內家功夫，在內家拳中精、氣、神是重要的鍛鍊內容。

太極拳從某種角度來說，是一種內功拳，氣無處不在，彌漫在拳裡拳外，在各種古典拳論以及研究太極拳的文章中，練氣是出現頻率最高的辭彙，也是最核心的鍛鍊要領。那麼，太極拳中所說的氣是指的什麼呢？

高壯飛

氣是太極拳內功當中的一個重要概念，也是中醫裡面的重要概念。在中醫的傳統理論著作上，比如《內經》裡就講了很多「氣」。這個「氣」是什麼呢？中醫講那麼多的「氣」，核心指的是功能。說某人的心氣虧，心氣虧

太極拳內功講究氣的運化　王培生演示

了，心跳氣短，肺氣虛了，咳嗽痰喘，脾氣虛了，腹瀉。

　　像這一系列的問題，都說你的功能不能達到你生理上的要求，這就叫氣虛了，你能夠達到一定的功能了，氣則是正常的。所以我們說的「氣」應該是功能，如果是功能的話，像臟腑之氣，也就是表述臟腑的功能。我們太極拳講氣，也是它的功能，也是一種運化，它是個整體性的。

　　《拳論》講「由著熟而漸悟懂勁，由懂勁而階及神明」，這是太極拳的內功遞進層次，其實氣的運化，是達到「神明」的主要基礎。

　　我們只有深刻領悟了太極拳練氣的內涵，才能真正把握太極拳的本質。練拳就是練氣，《十三式歌》中說到「變換虛實需留意，氣遍身軀不少滯」。《十三式行功心解》中說「行氣如九曲珠，無往不利」。

余功保

練氣是太極拳當中一個重要的概念，也是它的一種思路。

太極拳借鑒了中國傳統的哲學、傳統中醫學當中關於氣的概念、氣的理論，並且在拳路當中加以具體化，透過鍛鍊來達到一種氣的昇華，一種完善。氣在中國哲學當中是非常複雜的一種概念，我們要想透徹地把握太極拳練氣的一種要領，一種方法，也需要對中國傳統哲學和醫學當中的氣的概念做一個比較全面的瞭解。

氣這個概念是比較複雜的，它被賦予了多重的含義。

第一點，中國文化中把氣作為天地間起始的物質，古代的學者說「源者，氣也」，就認為氣是世界的原始。《內經》當中講，「人以天地之氣生」，說明它把人體的產生看作是天地之氣的合成，認為人最初是由氣來運化產生的。

第二點，氣的一個屬性，是介於有形和無形之間。有形就是一種物質的氣，無形我們可以瞭解為一種功能的氣。「氣聚則生，氣散則死」，說明它是聚散離合的。

第三點，氣是充盈於天地之間的，是無所不在的，處處都有氣，事事都有氣，這是它的一種思想的方法。「通天地一氣爾，天地其體氣之所充也」，說明氣處處都在。那麼，在練太極拳的整個過程當中，也應該貫穿著氣的思想。

第四點，氣是理、道的一種載體。大哲學家朱熹說「氣之所聚，理即在焉」，說明理和道附著於氣之上，氣

練習太極拳，氣貫穿始終　楊禹廷演示

是無處不在的一種運化運行，那麼理和道也隨之而運行於事物之間，就是事物之間的一種運動的規律。所以我們練拳就要處處體會這種規律、這種道、這種理的存在。把握了這種道、這種理，你就能夠體會出正確練氣的一種方法。

第五點，氣是一種生命的功能。比如說我們中醫學當中的氣，大多是講這個方面的。它透過解剖學雖不能夠發現，但是它又確確實實地存在，勾連著人體各個內臟、各

個系統之間的生命連帶的關係。氣，《中醫》上講「在目為明，在耳為聽」，就是說它已經具體化為生命的各個部分的一種功能。我們調節生命的功能，就由調節氣來完成，所以說，你掌握了氣的運動規律，你能夠很好地來練氣，就能夠達到改善生命

透過太極拳的練習，來掌握氣的運動規律

功能的一種作用，這是太極拳練氣的一種基礎觀念。

對氣的認識，我們需要有一個由表及裡、由淺入深的一種深化的過程，我們練氣也是有一種循序漸進的方式。在太極拳練氣當中應該避免的是一種虛無主義的思想，就是無從著落、片面地追求虛妄的思想。

太極拳的練氣是透過我們具體的動作，由人體的意念，由呼吸，由導引，由套路，由招式等等，透過這種整體的綜合性鍛鍊，來提高我們生命各個系統的功能。

練氣是透過形練和意練兩種方式來實現的，形練採用靜坐、站樁等形體特殊姿態來進行練習，使人體形成一個

氣場循環往復。

《拳論》說「氣以直養而無害」。在形練氣的過程當中，放鬆是一個很關鍵的要領，只有放鬆才能實現氣斂入骨。意到氣到，講的就是練意和練氣的關係，由意念活動來練氣，是一種高級的境界。由意念來引導內氣的運轉，無論外形是靜是動，而氣則循環無端。

高壯飛

太極拳中講「空」，它實際上就是自身內部氣的運化，不是力的運化。站樁就是練這方面的，我現在還經常練站樁。意拳創始人王薌齋最早就講站樁，這個站樁站住了以後，手心向內，手背向外，跟丹田合，眼神含著，這就是個「空」的狀態，又是「實」的。

「實」的是什麼？就是「氣」。世界萬物是這樣的，

太極拳的「空」就是內部氣的運化　王培生演示

「物皆負陰而抱陽」，這是在《內經》裡特別寫到的，萬物全是負陰而抱陽，「負陰而抱陽」，這句話就能夠理解空的問題，還有鬆的問題。假如不是這樣理解的話，就是說我就是空了，沒了，不可能，那是虛無。我們利用哲理原則去研究太極內功，很多地方就容易理解。

太極內功練氣，要做到穩、正、和
楊振鐸演示

打太極拳應該如何練氣？一要穩，不可飄忽浮躁，穩則平。《拳論》說「心平氣和則得」。二要正，氣正則人正，人正則拳正。《拳論》說「四體從心而運，百骸皆悅順從，而要皆以乾坤正氣行之，以浩然之氣行之，無往不移」。三要和，和暢、順達。《拳論》說「一氣運行，絕不停留，純是浩氣流轉於周身，勢不可遏」。

高壯飛

太極內功中還有個「沉浮」的東西，它也是氣運化的結果。比如我們說身體的沉浮，往這兒一站，我有一種下

沉的感覺，同時有一個浮的東西。

　　我有一章文章寫的就是說，太極拳跟內經的氣的關係，人氣、地氣、天氣之間的關係，天氣之下為人氣，人氣之下為地氣，人為氣交之所，也就是說我們在丹田這個地方，上有天氣下來，地下地氣，天人合一就是氣合，氣合就產生能量。

　　練太極拳，我們在空間的一個動作，就是實體的一種變化，帶來氣的沉浮的變化。沉浮就是氣運的一種狀態，處理好這個狀態的平衡關係，就是內功的方法。

太極拳中有沉浮之勢　楊禹廷演示

練太極拳實現氣運身、氣潤身　張勇濤演示

余功保

內功在氣上面有兩條根本的目的，第一是透過內功的鍛鍊，使內氣更加飽滿，更加充盈。所以，在練習內功過程當中，「養氣」是一個非常重要的概念，就是氣宜養不易耗，凡是能夠帶來種種耗氣的練習方法，都應該摒棄。

練氣當中第二個要點，就是行氣。氣透過練習得到充盈飽滿以後，它應該在全身進行非常合理有序地周流，這樣由氣帶動全身，這也就是所謂的氣運身、氣潤身，「運」就是「運化」的「運」，「潤」就是「滋潤」的「潤」。透過氣運身、氣潤身來真正變成滋養我們人體生

命功能的這種物質，這種作用，這種能量。

高壯飛

氣的問題，要做到「氣運身」，它是內功鍛鍊的一個基礎。這個氣它本身是一種功能，氣運身就是讓它帶動全身功能的正常發揮。

要運身，就不能是隨便地憋點兒氣，或者用點兒力來打這個拳架，而是要用意念，要走經絡，動作上面要，上下相隨。左右是相連的，內外是相和的，都要達到。內外相合，左右相連，上下相隨，達到這三個要求。實現了這三點，就實現了自身功能強大，在技擊上也具有威力。

太極拳論說「上下相隨人難進」，就是這個意思。

內外相合、右左相連、上下相隨是太極拳氣運身的拳勢基礎
王培生演示

　　呼吸是太極拳練氣的一個方面，如何認識練拳與呼吸的關係，並在具體行拳中處理好拳勢與呼吸的關係，也是太極拳內功鍛鍊需要關注的一點。

余功保

　　在太極拳內功鍛鍊當中，經常涉及的還有一個概念就是呼吸。呼吸是人體的一種自然的正常的功能，在練拳當中，有的拳家主張應該純任自然地呼吸，就是不要過分地拘泥於呼吸、過分地關注於呼吸，你只要拳架按照要領練習正確，呼吸自然也正確。

　　還有的拳家認為，也可以由有意識的動作導引，結合著意念來調節呼吸，這個在中國傳統內功鍛鍊當中，專門把這種方法叫做「吐納」。

　　在太極拳當中也有專門的吐納練習法，比如說結合著拳勢的開合、進退，這些練習的形態配合著呼吸。也有的把呼吸和拳架作為兩條平行的並軌的要領，拳架自自然然地打，呼

武式太極拳用的是腹式呼吸
翟維傳演示

吸也自自然然地進行，這種並軌式的練習，也在一些練習者當中受到推崇。

翟維傳

武式太極拳講究的是腹式呼吸，它不是用你的胸式呼吸。胸式呼吸是為了生存，沒練拳的人用的是胸式呼吸。腹式的呼吸，要發揮小腹丹田的作用，就是小腹的呼吸，另一個叫法是「逆呼吸」。呼吸循環過程中，氣一半沉入丹田，一半出去。

我現在經常還在練樁功，有站樁，還有活步的樁功。要想上功夫，必須先練活步樁功。活步樁功起一個什麼作用？最主要是增強圓活性，練太極必須圓活，全身的運轉要圓活，這個圈要轉圓，不管怎麼轉，這個圈是個圓的，

翟維傳在邯鄲國際太極拳交流大會上講解太極拳圓活之功

因為太極是一個圓，太極就是一個圓。做到了身體的圓活，內氣才能圓活，圓轉有活力。

有人練拳沒有達到圓活，就出現了凸凹，這就是太極之病。塌陷了，不連續了，那都是一種病態。一看，練的拳沒有神，所以說要圓活，你必須做到處處都圓活，這個味道才對。

外動圓活，內行圓活，內力和肢體的結合，得到內外相合，這就是有的人說的太極拳意氣圈的形成。在合的情況下，由含胸，氣運命門、丹田、尾閭，由跟身體裡面形成反彈力，蹬上提勁，由腿、腰、脊背，發於手指，它形成一個圈，每一個姿勢，每一個勁力，都形成一個圈，整

太極拳要處處圓活　翟維傳演示

個身體的圈，裡面又套有很多小圈，我給它起名叫意氣圈。這就是意氣圈的形成。

意氣圈形成了，內外都能結合上來。我們在外頭教拳，他們感覺這麼練太極拳好，很多人就願意學，氣感上得快，用不了兩三天就有明顯感覺。手上脹、熱、麻，氣感就出來，很快。比如說一出手，轉過來肌肉我手就熱

太極拳形成意氣圈　翟維傳演示

了。有的人練的方法不對，練了一早晨，一摸他手冰涼，那就是意念、氣血上不去。意念上不去，你氣就上不去，氣上不去，就是你的力就上不去，就沒有內功。

在每一個動作裡面，含有閉息，這個原來都是秘而不傳的東西。閉息在每一個動作裡都可以有。

閉息就是不吸氣。我這一吸氣，比如對方一推，我用勁一走對方，再一合，在合力情況下，合上，我就要閉息了，合到底了，收縮收縮一起了，它才往外有個膨脹勁，由這個意氣沉於這地方了，勁沉足了，一動，這個勁就出來了。

高壯飛

呼吸對於我們人來說是一項基本的功能，在太極拳內功鍛鍊中也經常涉及到。很多人自覺不自覺地就會把呼吸和運勁結合起來，比如常說，一使勁，我這氣很足，或者憋氣了。這裡說的氣完全是指呼吸的氣，但是它包括了呼吸之氣。

高壯飛太極拳勢

太極拳與動作的配合是要注意呼吸之氣的，不能強努。但還有一些運化之氣，比如一些拳論中講「氣沉丹田」的問題，也是說怎麼樣來運化我們的呼吸跟我們身體的關係。

有人把呼吸跟動作有一個固定的搭配，什麼樣的動作是呼，什麼樣的動作是吸，也是一種鍛鍊方法。比如有人講往回收的勢子是吸氣，向外發的勢子是呼氣，這也算一種方式。

中國傳統內功中還有一些關於呼吸的特別方法，比如古人有一句話「常人之吸在喉」，就是用嗓子來呼吸，「真人之吸在踵」，叫「踵息」，強調腳跟對於呼吸的作

用。用「踵息」的話，就說明腳跟是我們人身的根，我們用腳跟來影響到我們的呼吸作用，那恰恰是產生一種作用力和反作用力。另外還有胎息等方式。

祝大彤

太極拳的內功鍛鍊是什麼？就是用內功的要領、標準、思維來練拳。最核心的我總結為「九鬆十要一虛靈」。鬆靜為本，不要執著。

其中重要的有一點，我強調一下，就是千萬不要氣沉丹田。這是我一家之言，因為講氣沉丹田的人很多，所以我覺得有必要說明。大家可以到醫學家那裡去問問，也自己多研究、思考一下，不要簡單地盲從。

人的氣是在身上流動，「氣遍身軀不稍滯」，《拳論》上專門講了這句話。什麼叫不稍滯？得流暢自如。你一氣沉丹田，就「滯」了，就淤氣了，氣在局部，不能很好地運轉全身。很多太極拳的老

練太極拳氣遍身軀不稍滯　　祝大彤演示

前輩，也不大提倡氣沉丹田，或者開始提倡，後來就不說了，因為你只要一沉丹田你就出病。我認為「氣沉丹田」這是一個大誤區。

傳統拳論強調「氣遍身軀不稍滯」，人就怕「滯」，人就怕阻，就怕淤，一淤阻一滯就得病，這樣練的功夫越長，出的問題越大。

太極拳的練氣是一個全面性的原則，無論是技擊還是養生，練氣都是相當重要的。氣若不正，則拳功難以大成。如果我們把練氣貫穿在練拳的每個細節，那麼一舉動周身自然輕靈，每一拳勢皆充滿氣感，練拳則趣味昂然，成效也就自然卓然了。

阮紀正

用意，調氣，調形，這些是太極拳內功的必然程式。形正氣就盛，氣盛神就寧。我們練拳的時候，有時往往存在幾種表現，表演作秀的時候，形不正氣不順，氣不順神不寧，神不寧心就不安。整個中國文化要求個心

練太極拳首先要形正　馬虹演示

安，心安才能理得，而心安不僅僅是外在的，還講究你自身內部的調整，包括你一些理念，包括你一些追求。

能不能安定下來，不是一個方面來說的，因為有很多外界作用，外面的很多因素都有影響。對於練太極拳來說，形正是基礎，由形正去求氣盛，氣盛求到神寧。所以太極拳的中正安舒實際是太極內功最根基的要領。

太極拳內功是一項科學的系統鍛鍊工程

余功保

在太極拳的內功鍛鍊當中，有一點我們要注意的，就是要摒棄玄虛的、虛無的思想和做法。要避免把太極拳內功說得玄乎其玄、神乎其神，脫離人的生命的物質基礎，漫無邊際，甚至故弄玄虛等等。這實際上也是那些並不真正懂得太極內功的人信口開河，不懂裝懂之舉。

太極拳內功是一項科學的系統的鍛鍊工程，它與拳架互為一體又互為補充。

<4>

太極拳技擊的奧秘

　　技擊是武術的本質特性，中國功夫在古代社會最核心的使用功能就是技擊。千百年來武術的發展歷程中，技擊始終是一條主線。從流傳至今的古代畫像漢磚等文物中，我們最早看到武術圖像就是關於技擊的內容。

　　作為一種武術，技擊始終是太極拳的靈魂，太極拳的發展也與它突出的技擊效果分不開。在太極拳傳播的進程中，流傳有很多神奇的技擊傳說。當年楊露禪父子進北京，太極拳尚不為人知，挑戰者絡繹不絕。他們憑藉高超的技擊功夫打下一片天地，贏得了「楊無敵」的稱譽。

　　太極巨匠陳發科，20世紀30年代進京教拳。在許多名家眼裡這位河南農民不足為奇，但透過交手比武，均大為折服，為陳式太極拳的推廣發揮了重要作用。

　　太極拳的技擊往往被蒙上一層神秘的色彩。這種看起來軟綿綿的拳術，為何能在交手中發揮出那麼巨大的威力，產生應者立仆的效果呢？

古代畫像漢磚中的技擊圖像

阮紀正

太極拳作為一種武術拳種，它沒有辦法回避技擊問題。現在很多人對技擊的理解恐怕是過於狹隘了。在中國文化裡面技擊的本質應該是一個現實的應對。它用來解決主體和客體的關係，這一種主體應對，不但可以應付外來的各種客體的變化，同樣也可應對自身內部的一些變化。所以，強身健體、祛病延年的功能，跟防身禦敵、智慧取勝的功能，既有矛盾的方面，也有完全相通的方面。

比如說中醫，用藥如用兵，它的對象、它要解決哪個敵手，和太極拳推手的陰陽關係，在原理上有很大類似性。

余功保

太極拳的技擊，它不是一種簡單的力的運用，而是一種充滿了智慧、思維、體能、勁力的變化的綜合性的運動。所以，我們所看到的太極拳的技擊，或者說我們概念當中太極拳的技擊，它充滿了變化，包括自身的變化，要調動對方的變化，以及周圍環境的變化。它不是一種簡單的力博，這樣它就為以弱勝強、以小力勝大力提供了可能。這也是太極拳的技擊魅力所在。

太極拳的技擊可以說是一個複雜的系統工程，它始終是處理各種矛盾的變化、矛盾的轉化以及矛盾的作用，它所調動的並非是單一的因素，而是有很多複雜因素的複合體。它所強調的是一種巧，一種智慧的特徵。

太極拳的技擊是智慧性的綜合過程　陳正雷演示

太極拳的技擊講究自我潛能的發揮，以敵我雙方為一個系統，以陰陽變化規律為依據，動態處理系統的平衡，從而獲得最大化的技擊能力。

它的技擊要領要求很多，主要的幾個突出特點為：捨己從人、以柔克剛、四兩撥千斤、引進落空。

阮紀正

太極拳的技擊原則就是以弱對強。這種以弱對強，它採取的辦法也就是以柔克剛、以守為攻、後發先至、借力打力、避實擊虛，打得贏了打、打不贏就走，走是為了打，是這麼一整套東西。

它的基本結構，我的理解有三個層面：

　　第一個層面，從形態來講，它和所有的技擊方法一樣運用了攻守進退。攻守進退，它突出的是以守為攻，以退為進。走是為了打，採取這麼一種運動戰的方式。作為內在來講，就是虛實剛柔，實際上是講技擊力量的配置。太極拳固然是個叫做「用意不用力」的功夫，但問題在於，不用力說明你主觀上不要用蠻力，不等於客觀上不耗能。任何應對，既然是一種物質性的活動，它總要耗能，這就涉及到力量配置的問題。

　　因此第二個層面就是力量配置問題，怎麼分散？怎麼集中？如何從分散到集中？你可以從毛澤東的戰法裡面學習到很多這方面的東西。發動分散的群眾集中以應對敵人就是一種從分散到集中的過程。分散有敵我雙方的分散，

太極拳技擊攻守進退大有玄機　阮紀正演示

太極拳的技擊中蘊含著有無相生的道理　阮紀正演示

敵人打我的時候，我要想辦法把他力量分散掉，不但我自己的力量要分散掉，敵人的力量也要把它分散掉。集中應付敵人，我在對付敵方的時候，只要拿住他的勁，我就集中全力，不但整合自身內外各個部分的力量，而且整合敵我雙方的力量，而且還要整合環境的力量。這一種力量配製的特點，就是運動戰的特點。

還有第三個層面，就是哲學上的陰陽有無的問題。就是說明你的指導思想，你的理念。太極拳基本上價值取向是道家的，所以它有很多的思維方式都是反向的，反向思維、手虛手進、用反，從反面著力。太極拳以弱對強、以柔克剛可能性在哪裡？可能在任何力量都是可以分析、分解的。假定你是兩百斤力，我比不過你，但問題在於你兩百斤力是分散在身上各個方面的。按照《孫子兵法》說

法：「備前則寡後，備左則寡右，無所不備，則無所不寡。」前面設防，後面空虛，左面設防，右面空虛，全面設防，全面空虛。再強大的敵人都是可以分析的，再強大的敵人都是有空隙的。

假如說我是一百斤力比不上你兩百斤力，但假如我這一百斤力能夠集中起來應對你已經分散了的那兩百斤力，你在具體某一個點上，恐怕兩斤力都沒有，我同樣可以取勝。這種取勝的關鍵在哪裡？關鍵顯然不在於力量本身，而在於力量的運用。力量本身和力量運用完全是兩個概念，我們很多人在理念上把它混為一體。太極拳力量運用的秘密在哪裡呢？運用之妙存乎於心，你為什麼能夠下這個正確的決心呢？這種正確決心來源於正確的判斷，正確的判斷來源於周密和必要的偵察手段。

太極拳之所以能夠以柔克剛、以靜待動、以小制大、以弱對強，關鍵在於「人不知我，我獨知人。英雄所向無敵，蓋皆由此而及也」！在於瞭解敵情。雙方在對抗，你在偵察我，我在偵察你。雙方既有自我隱蔽的意圖，但是也有暴露出來的一些痕跡。

你要做好的就是怎麼樣能夠把握住敵人的敵情，把握住敵人的真實的資訊。必要有縝密的偵察手段，一般是眼觀六路，耳聽八方。個人對抗裡面主要靠觀察，眼睛獲得的資訊是最豐富的，另外耳朵作為輔助，聽各種不同的聲響。但這還是不夠的，因為眼睛和耳朵作為一個感應器，它沒有應對能力，感應器所獲得的敵手資訊透過一系列的資訊變換傳導到大腦，透過大腦綜合處理再傳導出來，透

以高超的聽勁爲基礎的高水準太極拳技擊具有獨特的應對結構
阮紀正演示

過效應器,比如透過手、透過腳才進行應對。這麼一個轉換的過程,時間就慢了。

太極拳發展出一種比較獨特的聽勁。聽勁,是以皮膚觸覺為主體、為切入點的一種本體感覺,它是整體性的,它是身心合一的。它有抗打擊能力,也有應對能力。兩個人一搭手,馬上可以判斷出你力量大小、方向角度,給你一個合力,給你一個分力,加上一個力偶,就可以把你的力量化解掉。你縱有千斤之力,但你打到我身上,我只要轉移一個力點,你的力量就全都落空。

所以說太極拳之所以能夠以柔克剛,能夠以小制大、以靜代動、以弱對強,關鍵就在於掌握敵情,在於資訊的把握和運用。這一點也是跟現代社會、跟資訊社會非常吻合的。

太極拳技擊絕對不應該把它理解為簡單的體力對抗，它的出發點不能是如何先去消滅敵人，而是首先想到怎麼保持自己的有生力量，這關乎到一個可持續的問題。所以說，太極拳技擊對我們現在的可持續發展戰略也有很大的啟發意義。

　　太極拳的技擊特點，不同流派裡面也發展出一些很不一樣的風格，陳式、楊式、吳式、孫式、武式，都有自己的應對風格，但是它的基本原則都是一樣的，都透過了陰陽虛實的變化。

　　使對方打我不倒，摸我不著，也就是你打你的，我打我的，你有你一套打法，我也有我一套打法，打得贏就打，打不贏就走。走不是逃跑，不是投降，走是為了打，

各流派太極拳技擊的基本原則是
　一致的　李益春、周華文演示

黏走是太極拳技擊的重要功夫
　　　翁福麒演示

打又要運用走。所以太極拳上面叫「黏就是走，走就是黏」。「黏」就是捆綁住敵人，控制住敵人。「走」，它不是逃避，是化解對方的鋒芒。透過「黏」和「走」這兩大戰略的變化，來達到以柔克剛的目的，這就是我大概理解太極拳的一個最基本的技擊特點。

「捨己從人」是以靜制動的高級境界，將我化虛，以敵為實，變被動為主動，以不變應萬變。捨掉一切束縛、羈絆因素，加諸敵身，從容應對，把握先機。

喬松茂

太極拳技擊，有的人強調「捨己從人」，有的人說是「黏走」。《太極拳論》中有兩句話，人們往往把它分開來理解，就是說「人剛我柔謂之走」，但是忽略了第二句，「我順人背為之黏」。就是說你在柔化的同時，必須你是順，對方是背，所以在這個前提下，太極拳的技擊威力就能最大程度地發揮出來了。

我舉一個例子，兩人在搭手當中，對方勁過來了，如果我光注意第一句「人剛我柔」，他就順著進來了。這等於你是完全娛樂性的，而不是功夫上的。「人剛我柔謂之走」，同時「我順人背就是黏」，「黏」即是「走」，「走」即是「黏」，就是剛柔要相濟，都存在一個體中。就是說他用勁，整個都是在一個「黏走」上面，而不是單純的人剛我柔，這是傳統太極拳的講究。始終是對方一進我就一捯，我這必須順，對方必須背，這就是用一個體現

太極技擊剛柔相濟

形式來說明它的一些《拳
論》。所以不是剛的，也
不是柔的，而是剛柔相
濟。《拳論》中也說「剛
柔相濟方為懂勁」，防身
是後發先至的這麼一個戰
略思想，它不是先發制
人，它是後發先制，是內
家拳這樣一種最典型的體
現。

　　後發先至的要訣是什
麼呢？不是說對方一拳一
來，我馬上就接，就反

太極技擊後發先至

擊，或者我先下手。而是對方把自己按住以後，或者是進來了時的反應。有一句拳諺作「彼不動，己不動，彼微動，己先動」。別人不動你不動，別人動了你先動，到底還是你先動了。

它實際有一個內涵在裡面，「彼不動，己不動」這好理解，但是他不動的前提，是雙方在肢體上接觸的。

「彼微動」就是對方的意念，那個內勁將要動的時候，你這個內勁，運勁如百煉鋼，勁起於腳跟、主宰腰間、施於兩膊、行於手指的內勁先達到的，以摧枯拉朽之勢打擊對方，它是這麼一個特色。

所以，它的特點是防守進攻一體化的意識，打的是心理戰，打的是後發先至，打的是一種比較科學的戰略。就是我等你都用足了，你的力量、你的意識、你的心理狀態都達到你的滿足的前提下，我再發出。

「以柔克剛」是不尚蠻力、僵力，將對方的剛強轉化為他的被動，從而打擊對方，這是一種「以彼之力加諸彼身」的功夫。

祝大彤

太極推手很多人認識上有誤區，也可以說是一種意識的誤導。都在談勁的大小，如何用勁等，但我們太極拳是提倡用意，不是用勁。你推來推去是長勁了，你推我，我推你，誰的力大，就把這個力小的推出去了，但這樣發展下去是不符合太極拳發展特性的。什麼是「以柔克剛」？

祝大彤演示太極技擊

最柔的是「意」，比任何力都柔。太極拳技擊就是要善於運用「意」，來調動對方，把對方的勁轉化成打擊他自身的力量，這種「轉化」的功夫是太極技擊的要訣。

「四兩撥千斤」就是小力勝大力，透過察機察勢，實現得機得勢，抓住主要關竅，抓住核心點，起到牽一髮動全身的作用。

喬松茂

搭住手時候，手不要來回動。有的人搭住手來回摸摸索索地動，不對，那樣勁、意就散了。接好勁了以後，要輕，要乾淨，這接好勁了以後就打，當對方來勁了以後，就把他勁根拔起來，上下一體，從腳尖到手，整體運作，

他一來勁你就一合一含蓄，對方就起來了。

這就體現了「運勁如百煉鋼，何堅不摧」這麼一個效果。為什麼能達到這樣效果？就是要有一個「知己」的功夫，這種功夫是由走架的鍛鍊獲得的。「行氣如九曲珠，無微不到」，走架的當中重點要培養的是知己功夫，練到一定程度，知人功夫達到一定程度的時候，「運勁如百煉鋼，何堅不摧」，這種摧枯拉朽的效果在一剎那之間就能實現了。我們在廣府練太極拳，前輩們教我們的時候把這叫做「一椿生子」，內勁、內氣，你幾十年練的這種純功「一椿生子」爆發出這種能量，作用於對方的力點，產生打擊對方的效果。這也是「四兩撥千斤」。它是牽動四兩，是自己周身一體，打擊對方的勁根，達到了牽動全域的目的。

喬松茂走架行動1，2，3

「引進落空」是太極拳極具特色的一個技擊特徵，讓對方進攻的威力化為無形，以我之虛應對敵方之實，使其

無從著落，產生踏空、懸空、撲空的感覺，更生出一種恐懼感，我便輕易擊潰之。

　　太極拳的這些技擊特點，在實際運用中是綜合體現的，在對敵時以不變應萬變，以萬變歸自然。

鐘振山

　　太極拳的技擊出發點就是為了自衛，所以它就站在弱者的立場上，在處於弱勢，在守勢的時候擊敗對方。因此制定了一個「引進落空」，牽動「四兩撥千斤」，再一個「捨己從人」，就是借力打人，這麼一種戰略原則。

　　它的技擊特點就是「以柔克剛」「以靜制動」。所謂的「以靜制動」也就是在你的心靜、虛靜，在身體放鬆的情況下，當對方用剛勁進攻你的時候，你就以柔勁來走化。「人剛我柔謂之走」，就是別人用剛勁來擊打你，你

鐘振山太極拳勢

用柔勁來走化他，用柔勁把他的勁頭給他帶開，離開他本人的中心和重心。

但是走化只是把對方的勁走掉，光走掉對方的勁是遠遠不夠的，必須要「黏衣」，所謂的「黏衣」就是走化的時候隨曲就伸，不丟不頂。在走化的同時，黏住對方的勁，從簡單的走、被動的走，加上了「黏衣」就變為了主動，在對方不得勢的時候控制住對方。所以說「走」與「黏」是不可分開的。所以說「黏」即是「走」，「走」即是「黏」。

但是光「走」和「黏」，還沒有達到技擊最後的效果，只是把對方的勁給化掉，雖然制住了對方，但還沒有把對方打出去。所以「柔」就要求「柔到極點」。「柔」同時是一個「虛」，就是「虛靜」，在走化勁的同時逐漸地在虛自己的勁，把勁虛到一定程度就變為剛，實現了「剛柔相濟」。極柔者極堅剛。就是柔的越狠越堅剛，這樣當對方失勢的同時，你的勁力就非常充足，就達到了質的變化，就可以把對方擊出去。

也就是說凡是「柔」「靜」，它就要有走化。走化它就是餵，是個手段，但是擊、打是目的。就是走化開對方的勁，把對方發出去，這是目的。所以說隨曲就伸、引進落空，這都是一個手段。

極柔軟極堅剛　姚繼祖演示

鐘振山演示武式太極拳懶紮衣

武式太極拳在技擊訓練中非常突出的是開始的兩個姿勢，就是「左右攬紮衣」。對這個勢子要高度重視。武式太極拳，它的動作比較簡練、簡潔，「懶紮衣」這個動作外形也不複雜，楊式太極中叫做「攬雀尾」，起碼有四個動作，「掤，捋，擠，按」。武式太極拳懶紮衣看起來就只是一個動作，但這一個動作中內含八個動作。掤捋擠按都在其中了。

「引進落空」也都可以在懶紮衣這一勢中實現，這就是「引」。對方如果勁大，一帶，就引過來，引過來的時候前手引，後手保護。引到對方勁小的時候，一發，對方就出去了，就是讓他空了，就可以擊打他。

武式太極的拳架動作比較小，在技擊應用上外形也比

鐘振山太極拳勢　小中見大

較小。無論是走化，還是進攻，它不需要動作很大。所以有時候一碰臂，就出去，就在這一點，勁過來的時候他這個點，就走化，就化掉，就出去，準確、乾淨，動作很小。動作大了就散了。

　　太極拳的以弱勝強，儘管充滿著神秘的色彩，其實這都是透過正確的訓練，調動人體的潛能來達到的。

喬松茂

　　太極拳要練內功，內功對於技擊很重要。過去練太極拳要有大周天運行，大周天要練動，也要練靜。從大周天練習還要歸到小周天，歸到丹田。歸到丹田幹什麼？除了養生還要發揮技擊功效。太極拳要求內動大於外動，為什

麼武式太極拳是這樣的身法，就是要有內。比如說一個簡單的起式，技擊作用就很大，對方來打我，往往我一個起勢就給他畫掉了，用的就是內功。

喬松茂練習太極內功

推手是太極拳技擊的重要表現形式和訓練方法，練習推手可以綜合運用太極拳的各種技法和勁力。太極推手的基本形式有三種：定步推手、活步推手和散推手。

定步推手是兩人在推手過程中腳步固定不移動的推手方式，空間移動雖然不大，但對基本功的要求更高；活步推手是腳步可以移動的推手方式，它的活動範圍更大，技術的運用更加靈活。在定步推手和活步推手中，不管腳下如何變化，雙手始終是相搭的；散推手則在雙腳、雙手上更加靈活、隨意，可以分開，其進、退、閃、展的餘地更大，是太極拳推手難度最大、技能要求最高的推手方式，也體現了太極推手功夫的綜合運用。

祝大彤

平衡是太極推手的一個核心理論，很多老師都說，保持自己的平衡，破壞對方的平衡。過去我問了很多老師，

跟他們探討，我說怎麼樣保持自己平衡去破壞對方的平衡呢？我沒有得到滿意的答覆，所以我就自己下工夫研究這個問題了，後來我把它破譯了，我總結為一句話，叫「改變自身的重心狀態」。這個我個人認為，是說明了推手的一個重大的理論問題。

祝大彤太極拳勢

你兩個腳腕都很有力，你別去推手，沒經過內功訓練，如果就這樣去推，推手以後你就習慣只能憑你的本力和招，本力和招是沒有什麼前途的，它也不是太極拳。

你要把你的重心狀態改一改，把你重心狀態一改，他扶著你，你一溜臀他就完了。為什麼完？他摸不著你，他失去了平衡。

當然具體運用上有很多手法、方法。我提出了「九鬆」「十要」「一虛靈」，我們有20個手段。什麼叫改變自身重心狀態？我舉個非常簡單的例子，這兒有一個水瓶，你來拿，我不動它，它就在那兒，你很容易就把它拿起來了，不費勁，它的重心狀態沒有改變。你再來拿它，你衝它原來的位置去，我中途插進來，在你之前把它提走，你衝原來的位置去的，你拿到了嗎？這回沒拿到，我

祝大彤太極推手

把它中心位置改變，對你有影響了嗎？應該說你跟丟了，這就叫改變自身的重心狀態。

　　這個例子很簡單，但道理跟太極拳推手一樣。那麼這有什麼意義呢？我一說四個理論，你要拿這瓶子，你首先你看見了，是不是？你看見這瓶子以後，同時你的中樞神經也看見了，你的視線、中樞神經在這兒了，你要拿瓶子你就得量了，你得量一下我在這兒有一米多，我得往前走，我走兩步，我來拿這瓶子，沒有遠處夠著拿的。這就是太極拳推手的重要原理。

　　還有兩個理論，必須重心合適，我要在這兒拿這瓶子，我得過來拿，這椅子在這兒，我看見了，我得量一下步，我看見我得邁一步，再邁兩步，好，我再坐下，這叫重心，那麼拿這瓶子叫什麼呀？叫接觸點，接觸了。

　　所以在這種情況下，四個理論缺一不可。那麼你推手的時候，你跟人一接觸，一接觸以後你都沒量好，也沒看好，過去就推，你能不趴下嗎？所以咱說理論問題就是，

要改變你的重心狀態，對方就推不著你了。

太極推手的關鍵在勁力，最基本也是最核心的勁力有八種，也稱為推手八法，分別為掤、捋、擠、按、採、挒、肘、靠。勁法的運用是提高太極拳技擊能力的一個重要因素。在技擊過程中，勁力的完整過程，包括蓄勁、運勁、化勁、接勁等各個環節。只有善於運用勁力，太極技擊功夫才能達到很高水準。

楊書太

太極推手，兩人手一搭，不是誰力量大就能把對方推出去，而是用內勁。內勁是灌注在兩手臂上的。和對方一搭手，運用內勁，配合一定的身法，要轉起來，調動對方重心，到了適當位置，一發勁，對方就出去了。

打人要有陰陽相遞，動作上有開合，勁力上也有開合，陰陽互換，虛實互換。這個陰陽相遞很有講究，就是勁力的傳導。勁力傳導越自如，打人越乾脆。

楊書太太極拳勢

翟維傳

太極拳中講「蓄勁如張弓」，是說自己的，說自己身體形成五張弓，兩個手、

太極拳蓄勁如張弓　翟維傳演示

兩個腿、一個腰勁，這是五張弓。

　五張弓是以腰勁為主，因為太極拳上說，以腰勁為主宰，以腰勁這一張為主，一弓動，四弓動，一弓合四弓合，一弓開四弓開，這四弓都要結合這一弓，聽主弓的調遣。

　太極拳又講「發勁如放箭」，這也有一個時機問題。你把弓張開

翟維傳與老師姚繼祖太極推手

以後，它在發勁的時候，在形成弓以後，跟對方的狀態也有關係，就是對方連沒連到你弓上，連到你弓上了，你才能把對方發出去，對方要連不到你弓上，你怎麼能推對方啊？

再一個重要問題，你這一弓，一開弓的時候，是不是讓對方失控，使對方拔跟，能不能引進落空。如果不能拔跟，對方穩穩在那兒一站，你來推我，都是一百多斤，誰能推動誰？那不就費勁了。都知道這個太極拳有運勁、借力的問題，但關鍵是怎麼用。就是必須在蓄勁如張弓的同時，要做到使對方失控、拔跟、落空，這樣才可以借對方力，推過這個五弓一發，再把對方打出去。

太極拳就是求它的技巧，求它的奧妙，有了技巧、奧妙，你才能引勁落空、借力打力，才可以勝利。

太極拳技擊到了高級境界，完全是神、意、氣的運用，全身形體上達到無礙無滯的程度，隨處可黏，隨處可發，處處是實，又處處為虛，此所謂全身通透的境地。

祝大彤

我們認為，太極拳最根本的一條，就是減法，「空」是什麼呢？沒有了不就是減法嗎？減沒有了，等於零了。

祝大彤太極拳勢

接觸點要空，比如說他手推我這兒了，這就是接觸點，推這兒叫接觸點，反正他手在那兒就叫接觸點，接觸點要退去力點，沒有力點，沒有力點他推什麼，他摸不著力點，身體不是一根棍，沒有力點了，他就無從下手。

喜歡推手的朋友要注意研究推手理論，不要掛力，千萬不要掛力，有人提出來，沒力不就趴下了嗎？不可能，你鬆開了，你站得更牢靠。

太極拳技擊的功夫和技巧，是要在充分領悟太極拳技術要領的基礎上，透過長期的套路練習和推手訓練獲得的。

太極拳技擊和套路的關係是體和用的關係，套路為體，技擊為用，正確的練習套路是技擊的基礎。

吳忍堂

太極拳技擊水準的提高是從拳架裡邊來核對總和體現的，不能離開拳架而練成。作為一個太極拳的搏擊者，如果你不會練太極拳，那你絕對打不出太極拳的搏擊實質來，你只能傾向於現在一般的摔跤、拼死力的做法。要提高太極拳搏擊技藝，那就必須從拳架著手，只有練

吳忍堂太極拳勢

好拳架，從拳架的聽勁來做起，訓練出獨特的太極技擊功夫。

太極拳與人交手時要注重兩點：重心與中心，這是兩個區別。中心，就是人體的中心；重心，是人中部往下的這個重心。中心調整與重心調整是不同的，那麼手臂旋展是手出掛一中心，是指的體中間，而重心移是指的重心移動，是力學的運用。

搏擊不是使用蠻勁東西，它有技術與技巧的綜合應用。這個技術，是你從拳架裡邊來學習、體現的，你拳架怎麼練的，在應用中就會這樣來使用。如果你拳架練不到，在搏擊、推手裡邊你也用不出來。

技巧是一種綜合的應用，在招法的基礎上提高你應變能力，包括掌握自身的平衡，以及虛實的變換，陰陽轉換和腳步、步法、腿法、身法、手法等各種使用能力。也就是五行為綱，八法為先鋒，五行與八法的有機結合，才能

吳忍堂演示太極技擊

深入搏擊技藝的研究。

張耀忠

兩個人搭手，你推手不要總想推人家，你要想推扔，就是貪功，一貪功就傷氣，對健康不利。怎麼辦呢？自己的手給自己的腳說話，這個氣不外散，是圓的，不管他怎麼來手，就是我這個手老是跟我這個腳說著話呢，不是推他的，我是我的手找我的腳的，這就是渾元了，你動不了我。

再就是「上下相隨人難進」，什麼是上？手是上腳是下，刻刻留意，手不離腳，不管怎麼動我的手總是跟我的腳呼應。你就是不管，我這麼老大人站在這兒，你什麼都看不見，你就是看見你的腳了。你推手如果這樣推，對方就打不進來。

不管你怎麼樣，我的手總是跟我的腳呼應，咱們打拳

張耀忠講解太極技擊

的時候就是這麼打，這是跟後腳說話。一搭勁跟前腳說話。這個右手再從前腳腳後跟、腳外側、腳小趾、腳大趾，到了腳大趾再返回來，再找一個腳，再找這個腳，我這個手圍繞著我這個前腳化了一個圈，到這個腳大趾，再到這個腳大趾，再從這個腳小趾、腳外側、腳後跟

王海洲太極拳勢

這麼過來，圍繞這個腳，畫圈。不要小看這個圈，作用很大。

王海洲

太極技擊幾個要領，屈、長，陰陽和合。就是屈下去，長上去，陰陽互相配合。這些全在拳架上，架子要練好，什麼都在拳架裡面。

練習架子隨時隨地都能應急緩。假設在路上碰見緊急的情況，它隨時都可以發揮，並非一定在推手這個程式來做。

高壯飛

推手的時候從頭到腳每一處，都要從採、挒、肘、靠、化、拿、發、打、沾、連、黏、隨這些方面去體會全

高壯飛太極拳勢　　　　　　喬松茂太極拳式

身的動作。這種體會細緻了，再反映到你的架子上來以後，它東西就不一樣了。因為什麼？架子是自己一個人練，推手是兩個人的事兒。所以叫拳架為體，推手為用，體用結合，它結合的時候就是用推手的方式反映到架子上來，用架子的方法反映到推手上來。這是很有意思的一種練習，這是太極拳的特點。

喬松茂

搭手即是走架，走架即是搭手。就是說，你在走架當中是什麼樣的，你在搭手訓練中，以至到最後完善，已達隨心所欲當中它就是什麼樣子。

走架是知己功夫，搭手是知人功夫，知己功夫來提高

搭手的戰鬥，這是自己的基礎。

太極拳的技擊根源還在於太極拳的基本理法，無論外在形勢如何千變萬化，它所依據的仍然是和套路一樣的陰陽互動規律，把握了人體陰陽變化，才能深刻體會太極拳技擊的奧秘。

高壯飛

太極拳既有科學性，又有哲理性，是這兩方面的有機結合。練好太極，就要很好地理解拳理拳法，我認為，如果你對「太極」這兩個字的認識不深入，你不會練好太極拳。

太極是什麼？是無極，無極生有極，有極生兩儀，兩儀生四象，四象生八卦。但是這有極是什麼？就是分了虛實了，分內外了。那無極是什麼？無極是那個圓圈圈，就是一個空的。現在我們在科學來講，凡是事物，不管什麼事物，都有物體，都有場，這個場我們就認為是無極，事物本身就是有極。從太極拳來講的話，用無極來影響了有極，有極再反應到無極，這是個來回的轉

高壯飛太極拳勢

換。我們認為在練太極拳中，要體會這樣一個特別的要素。

　　陰陽虛實是一個問題的兩個方面，它的核心是陰陽互跟的，陰陽兩方面誰也離不開誰的一個東西。你看你來搭手以後，我們兩人是一個無極，他是一陽，假如說他有力，他是陽我是陰，或我是陽他是陰，但如果我本身又分陰陽虛實，就破壞了他的陰陽虛實。比如說我的陽面，我這走的是裡面，我用裡面撐我的陽面，這是一種打法。用裡面，這就叫負陰抱陽，就像自行車的外帶很硬，是因為裡面往出脹。還有一種打法，假如我給他拿起來以後，我先用裡面走，走內氣、內功，然後我用外面打他，他來的時候我先是陰的，然後我突然變成陽的了，這樣一來我的陰陽進行了互換，勁、氣在這種互換中，就以我的陽打了對方的陰，打的他的虛，他的薄弱地方。

高壯飛演示太極技擊

太極拳求圓站中狀態　高壯飛演示

　　另外一種辦法，他來了，我先是陽的，是實的，然後突然變成陰的了，他也空了。陰陽哪個在先不重要，這要看對方的情況，但關鍵是陰陽的互換，這就要功夫。

　　表面上手都是這麼一放，但是裡面陰陽有變化，不懂的人不明白，這是內功技擊的範疇。

　　掌握了陰陽變化在技擊中的應用，還可以運用環境因素。他向上一來，對方、我和周圍環境就構成了一個陰陽結構，這個結構對他也是有影響的，我由自身調節改變這種結構，就破壞掉他原本的平衡，再對他實施打擊。

　　太極拳技擊中就是要善於處理敵我雙方的陰陽結構，達到我的最大程度的平衡，破壞掉對方的平衡。其中有一個基本方法叫做「求圓站中」，就是對方一來，搭上手，我自身內外形成一個圓，意、氣、態形成一個「中」的狀態，我用中心向外放射來打他。

太極拳內功技擊的方法還有很多，比如「曲中求直」法。對方來了，我手迎上去，手臂接觸是屈的，但從中，從內出勁，以直線打他。

　　身體各個部位也都可以打人，比如用膝蓋打，對方來了以後，用一個膝蓋往回拉，形成「虛」，另一個膝蓋發勁為實，陰陽交錯打擊。胯也可以打，用胯打他是用支撐力打，對方上來以後，兩胯向下沉勁，借地面支撐力反射回對方打擊。丹田也可以打人，以丹田發勁。還可以用腰來打，腰怎麼打呢？實際上不完全用腰，而是用肩背往腰上送，這樣打他。肩也可以打，肩打是用肩頸到湧泉，我的肩往回一背，這勁就送出去了。還可以用一個手指頭輕輕打他，手指頭輕輕挨著了以後，我就拿他腳跟了，打腳跟。可見身體每一個地方都能用作技擊，不在於用哪裡，關鍵是如何用，這就是「處處皆太極、無處不太極」的道理。

　　太極拳中的陰陽虛實的變化有層次、有角度，是多方

舉手投足無處不太極　高壯飛演示

面的。我練架子也是這樣的，比如我要練「提手」，我這麼一提這麼一坐、動作很簡單，有的人表面上練，這不行。練拳起的時候首先有一個場勢，要根據場勢走。動的時候是身體把場勢帶起來，整個拳法練習我身體在場勢裡走，起落開合，都有場勢的結合、變化。

拳勢的變化就是場勢的變化，所以外行看的是動作，內行看到的是場勢的變化。明瞭了這一點，你的練拳、你的技擊就不是表面上的蠻力，就上升到了陰陽結構變化的太極內功的層次。

太極拳的技擊不同於一般的搏擊，它體現的是武術之道，展現的是練習者的氣度、功夫、領悟力和修養。太極技擊為道，如果停留在力量相搏的水準，則流於下乘。

中國太極拳是一種把養生和技擊高度融合的拳術，這是它的「道」的重要內容。

馮志強

從技擊角度看，不會養生技擊就沒有基礎，易勞累，技擊技術得不到提高。因為人首先要生存得好、體態健康、生命力旺盛，才有技擊的本錢。很難設想一個面黃肌瘦、營養缺乏、病病歪歪的人，能夠去打擂臺，即使有其心也無其力。只有加強養生修煉，精氣神充足，才會出功夫。可以說，養生是技擊的基礎和前提條件。另一方面，技擊要靠功法才能顯示出威力。沒有功力的技擊是沒有效果的。所以前人才說：「拳不敵法、法不敵功。」

從養生角度看，養生之法首先源於古代道功和中醫理論，現代養生還要結合運動醫學、生物學、營養學、遺傳學等等。我們的養生是道、武、醫合一的，因此其中還要有武技的道理貫穿其中。

　　從武功角度看，光養沒有技擊，武術達不到效果。同時，不練習技擊，武術的招數不明確，也不能達到「四兩撥千斤」的效果。武術的靈魂是技擊，所以養生只有結合了武技之理，才能叫作拳功一體、體用結合。

　　技擊是拳理，太極拳講究「四兩撥千斤」。「四兩撥千斤」的技術要靠用法的練習來培養，用法就是技擊。大家都知道，功夫是練出來的，不是說出來想出來的。但練不是盲目練、瞎練，而是要科學地練、養中練。功夫能養、會養才能多練，會養才能達到精氣神的充沛，只有會練、會養才能達到技擊效果，多練就會長功，不養反而不會長功、也不會提高技擊技術。

馮志強講解技擊之道

另外，技擊和養生二者也不是截然分開的。在養生練習過程中也可以穿插一些技擊技法，以熟悉拳法、矯正錯誤動作；在側重技擊時也不要忘記心平氣和、中正安舒、氣血順遂地養精蓄銳。總之，會練會養能成功。

　　在練功練拳時要強調鬆柔圓活、安靜舒暢、神完氣足、混元一氣。至於哪一部分多些少些，不必統一強調，可以根據自己的體質、愛好以及適應能力適當選擇，只要「無過不及」就可以。

　　只有真正實現了練養協調發展，才算入了太極之道。

練養結合是太極之道　馮志強演示

〈5〉

太極拳養生的奧秘

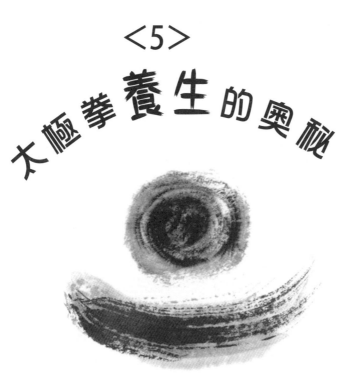

每當清晨，在中國廣大城鄉的各個角落，特別是公園等環境優美的場所，到處可以看到練習太極拳的人們。他們大多是由太極拳的習練來實現健康身體的目的。養生是當今太極拳的第一生活需要，在這方面太極拳具有突出的作用，它因此也被列為全民健身的重要鍛鍊方法。也正因為這一突出功能，太極拳流行世界上一百多個國家和地區，成為練習人數最多的名副其實的世界第一健康品牌。

阮紀正

其實整個中國文化都可以看成是養生文化，它的整個哲學是一種生命哲學，它的出發點是人自身。

西方的哲學是一個對象化的考察，它把人超脫在外面，它就研究對象到底是什麼？為什麼？它對自然界發出一個驚愕、驚訝以後去探究自然的秘密。

但中國哲學更多是研究人自身到底怎麼應對外界。

太極拳的健身效果舉世公認，那麼，它為什麼會有如此顯著的作用呢？它的健身原理是什麼？太極拳的鍛鍊原則是陰陽和諧，實現了人體內外的陰陽和諧，就解決了人體健康的宏觀問題，這一點與中國傳統醫學一脈相承，完全符合醫學的健康原理。

阮紀正

以太極拳為代表的中國武術和養生文化，更重視一個「養」，而不是一個「耗」。它知道人的生命是有限的，

中國養生文化講究身心合一

人是一個有限的存在，人一生下來就面對死亡。這個有限的生命裡面，你怎麼能夠充分發揮你的操作意義，能夠多做一些事情，盡量避免沒有意義的損耗和消耗。

另外，它更講究身心的合一，除了「養」字之外，還講個「合」字。它要綜合起來取得一種綜合性的效果。技擊跟養生本來就是統一的，因為它都是一種生命的應對，所以良醫跟良相，它認為是一回事，用兵跟用藥也是一回事。中藥講究藥性要歸經，藥性歸經講究不同的藥性，軍臣佐使，那個配合就像用兵一樣，因為對待生理上的邪氣、生理上的缺陷、生理上的損害，就像對待敵人一樣。

所以，我們的養生不但有生存之道，而且還考慮了存活之術。技擊是一種存活之術，它不僅僅用來應對敵人，而且應對環境，用來應對各種客體。比如說你進行勞動，勞動保護也是一種應對。養生是一種核心應對，因為人生存在世界上，他總要跟外面溝通，他要吃，他要做事，他有六邪入侵，有各種邪氣要跟你內部的正氣相互要交鋒。

所以養生的理念也跟技擊的理念很容易地融合起來了。而且道家的取向，更多講究守虛、守靜，用「無」，它是反向來找力，因為它知道那個正向的東西消耗是比較大的。所謂的「以政治國，以技用兵」，他考慮自己是一個弱小的東西，如何才能更有效地變強。

實際上在進化過程中，在生物進化史上還不僅僅是弱肉強食。「叢林法則」是重要的一個法則，由進化論保存下來的一些動物，不完全是那些龐然大物的強者。恐龍當年是最強大的，但它卻滅絕了，老鼠、蟑螂是弱小，卻保留了下來。弱小者有它的生存之道。中國太極拳的養生智慧在於，它是一種生命保存之術。一方面它講究生命之道，另外為了維持這生命之道，又講究存活之術，養生和技擊是存活之術的兩個方面。一個是應對外面的客體，一個是應對侵入自身肌體的各種邪氣，是肌體的。它應對的原則都是要來調和你的陰陽，來取得某種平衡，使你不至於失控。

現在很多人就往往從外在上，把存活和保存兩方面的應對對立起來，這就是沒從根本上認識生命本質。

用意、調氣、調形，這是太極拳養生的基本做法。形正氣就順，氣順神就寧。我們練拳的時候，往往有幾種表現，表演作秀的時候，形不正氣不順，氣不順神不寧，神不寧心就不安。整個中國文化要求個心安，心安才能理得。心安不僅僅外在的，還講究你自身內部的調整，包括你一些理念，包括你一些追求，能不能安定下來。但是這種安定又不光是一個方面，因為有很多外界作用，外面各個因素，所以它要求形要正，由形正去求氣盛，氣盛求得神寧。

意、氣、形是太拳養生基本鍛鍊要素
吳圖南演示

太極拳的拳套動作從養生的角度看，基本都是導引動作，「導氣令和，引氣致柔」。導引是中國傳統養生術的重要流派，產生於原始的祭祀圖騰活動，對人體起到調形的作用，可令氣血通暢，百骸順達。

在太極拳鍛鍊中有一個重要的要領，就是練氣，這也是他健身的一個重要方面。太極拳與中國傳統健身氣功又有著密切關係。

阮紀正

中國的各種養生方法都是同源同構，都是從古典最原始的巫術發生出來的。因為巫術是人跟動物區別最早的東

西，武術也是從那裡發展來的，因為它是人類最早的一種活動。它跟本能不同，動物的本能是有遺傳基因給你確定的，適應環境能力等等，它是一種遺傳基因的那種生物遺傳，但是文化是非遺傳性的資訊的傳遞。它從最早的精神層面那裡來。

中國養生導引一類的氣功是比較早的，原始巫術都有導引的成分在內。它有兩個層次，一個處理身心的關係，身心活力，身心潛能；第二個直接上升到天人關係了，領悟天人關係，這是中國傳統氣功、導引裡重要的一方面內容。

導引養生1

導引養生2

太極，因為它是武術，所以它要處理敵我關係，它要應對。因為人不能靠空氣過活，不能靠冥想過活，你要勞動，勞動就要應對，所以這就要處理敵我關係。

技擊並不是很狹隘的東西，技擊就是個應對術。只不

中國武術的很多流派都講究氣的內修

過應對裡面，毛澤東講有對抗性有非對抗性。有不同的東西，你用不同方法處理，結果就不一樣，從本質上說都有主、客體的應對。

氣功跟武術在遠古時期本身就是統一的。先秦以後，越來越理性化，由於社會職能的變化，它們也慢慢分化了。但後來發展的比較系統、深入，在更高層面上，它們又走到一塊來了，就像同源的水，中間分了不同支流，到大海的時候，又匯合了。你從典籍上來看，大概到了清代中葉的很多武術書都講了氣這個問題了，它已經完成了這個統一了。這一點對於武術養生來說非常重要，而太極拳是這方面的一個極致例證。

喬松茂

《拳論》中說了「勁起於腳跟，注於腰間，實於兩膊，行於手指」。它這個過程為開。什麼叫開合呢？這就

是開。由手掌原路回到腰間，這為合，一開為大周天，一合為小周天。開的當中把從腳跟上調動的這種內勁內氣，貫穿於手掌上，合的當中從雙掌合十，好像是精煉的一股丹田氣似的，回到腹部丹田，這時候反覆的練出來的東西回到丹田，反覆來這樣，達到了養生的目的。

　　強筋壯骨，內氣內勁達到充沛的時候，就形成了大丹田和小丹田的配合，也就是一大一小，一虛一實，一陰一陽，起到了調節內分泌、調節微循環系統的作用，從而達到了健身的目的。

喬松茂在中華武術名家大講堂上講課

　　太極拳的練習要求自始至終都要放鬆，就有效緩衝和消除了人體的緊張狀態。在日常生活和工作中，我們的身體裡形成了許多的緊張點，有生理上的，有心理上的，太極拳透過一定的規範練習，不僅消除現有的緊張，還建立起了一套機制，防止以後緊張的產生。太極拳的端正、圓轉、鬆沉、穩固、柔和，都是建立這種機制的方法。

楊禮儒

我們太極拳講「鬆」，不是軟，也不是硬，在軟和硬的中間。這樣才能夠促使血液循環，新陳代謝。

練拳放鬆不是目的，而是一種手段。放鬆以後對身體的經絡和氣血起到促進作用，但是最主要的是它能夠體會到練出勁

太極拳講「鬆」　　楊禮儒演示

來。鬆中練出勁來，它這個勁就好像彈簧一樣。棉線是軟的，提起來是硬的，放下來又沒有形狀。好像跟圓珠筆芯的彈簧一樣，看起來很柔軟，但是一按它就回去了，放開它又伸張了，因此它有一個韌性，這樣由練能夠練出太極勁來。這種太極勁就改善了人的身體的勁力結構，減少對臟腑的壓力，對身體健康很有益。

從鍛鍊身體方面來講，在練拳時，我們要把全身從上到下的所有關節都伸長，拉開。比方說手形，並不是硬邦邦的，而是放開它，放開了氣才能到。手的形狀要在軟硬中間，這樣才能拎起這個勁來，才能夠由腰部的帶動、鼓蕩起勁氣。全部放鬆以後，才能夠走得比較柔和。

有些慢性病藉由太極拳的鍛鍊，調理好了，這就是太極內功的作用。我從練拳中體會到，練楊式太極拳從上到

下整個放鬆了以後，經過一段時間的練習，周身就會感覺到一股熱量。手出去以後是非常飽滿的感覺，手指和腳趾發熱，就是在很冷的天氣情況下，用不著戴手套，手也是發熱的。

全身放鬆以後，頭要往上頂，把頸椎拉開，拉開以後體現到有它的精氣神，精神就起來了。但是拉開不是太僵硬的，不能

**練太極拳要把關節伸長拉開
楊禮儒演示**

梗著，而是虛的，空的，這樣練出來以後，炯炯有神。

我們練的時候頭往上頂，頸椎鬆鬆地拉開，對防治頸椎骨質增生有好處，透過練拳使頭部有個輕鬆的感覺。兩眼就能夠提起精神來。如果你沒有這個頸椎的向上鬆，你光瞪眼是不行的，那沒有神。我們練拳的時候，舌頭要頂住上齶，自始至終都要這樣，這樣就口中生津，對胃很好，把練出來的津液咽下去，對身體有滋養作用，對我們的身體有好處。

練拳以後，我覺得自己的肺活量比以前大，不斷把更多新鮮的空氣吸進來，吐故納新。長時間鍛鍊對我們內臟功能有提升，不會覺得憋氣，再加上我們腰部帶動，對我們內臟的鍛鍊很好。在心平氣和的基礎上，由一些腰部帶

動，使我們的內臟能夠起到一個很好的按摩作用。

　　練拳時前腿一定要撐得住，這樣一蹬一撐，下部就有了力量了。腿上有了力量，就感覺到腰上飽滿了，腰上一飽滿，對腎臟鍛鍊就有好處。不管男的女的，腎臟發達了，身體就健康，腎水滿了又養胃，因此太極養生是一環扣一環的。練的時候，我們把這個腰補命門這裡，

楊禮儒太極拳勢

上下要拉開它。腰壯、下肢力量強，整個身體就好。科學的實踐論證，有兩條好腿，衰老得就慢，病也少。因此，我們經由太極拳鍛鍊，腿部會感到比較輕鬆。

　　做為一種獨特的鍛鍊方法，太極拳在運動上要求動靜結合，這一點也是它養生的一個重要特點。靜能安神固本，為養為蓄，動則舒筋活血，為開為展。動靜結合方為養生的全面之道。

余功保

　　大量的實踐證明，單純的動和單純的靜對於養生都不是全面的，最核心的思想講究性命雙修。你動得多了，一

定是損耗了，練靜功是中國養生的一個絕招，要養生，研究中國古代養生是一定要練靜功的，太極拳要站樁，氣功要靜坐。但是，單純的靜不結合動不行，容易走偏，這就是練性功。靜功是練性功的，動功是練命功，性命雙修，必須要動靜結合。

太極拳是動靜結合的一個典範。它的修養就體現在動中有靜、靜

太極拳養生動靜結合　張勇濤演示

中有動。靜是一種養心的功夫，老子說「致虛極，守靜篤」，你要靜下來才能「致虛極」。太極拳講究「虛」，你怎麼虛？虛就是一種靜。所以一開始練的時候一定要先站無極樁。站樁是一方面，站樁的目的在於讓你入靜，入靜進入到無極的狀態。太極始於無極，你沒進入到無極狀態，你就開始練拳，整個的過程都是在盲動的，浮躁的。只有靜下去以後，才進入到狀態，這時候的動就有靜的成分，動的裡面一定是含有靜的。

「靜」的另外一個含義，就是在動中保持一種穩定的狀態，這也是靜，不是指靜止的靜。這個靜的含義，就是你在均勻的動，也是一種靜，只有達到動靜結合，才能到

性命雙修。

　　太極拳在鍛鍊中十分注重呼吸的調節，這在養生上被稱為調息，將外形動作與呼吸相配合，吐故納新，實現內臟的純淨。

高壯飛

　　人應該活120歲，但是活不到，這有多方面的原因。太極拳從多方面改善人的健康結構。第一個，人直立了，腦子在上面了，最需要血的地方在上面。所以我們現在練太極拳，我們基本是鍛鍊下肢肌肉的，叫緊張肌，這種下肢肌肉的緊張肌恰恰可以讓你的腦細胞活躍，腦血液循環好，健腦的。這是太極拳養生的第一個優點。

　　第二個方面就是對右腦有很好的鍛鍊作用。我們左右

高壯飛講解太極養生

腦子不一樣，右腦是一個非常靜的狀態，而且是一個潛意識的，是形象思維的，所以它照顧面全，這是我們人類進步應該利用的東西。太極拳的鍛鍊要領對人的右腦有很好的保健效果。

高壯飛太極拳勢

第三個方面就是呼吸的問題。所有動物都是腹式呼吸，人是胸式呼吸為主。太極拳練習的氣沉丹田，它是腹式呼吸的，不但腹式呼吸，還要比腹式呼吸更深入一點。我們練拳到比較高的水準，能夠鬆到踵息，能鬆到腳底下去。肩井到湧泉就是一種呼吸形式，你扶著以後，我是一種氣感沉到底。還不單純光是腹式呼吸，這樣透過練太極拳，能改變我們人類的呼吸狀態。

再有一個，練太極拳以後，心地開朗，對事物認識清楚，不煩躁，不煩惱，不受各種外界的干擾，在身、心上避免受傷。

從以上這幾方面來說，太極拳具有很好的養生作用。

太極拳練意的特點，對養生有極其重要的意義，這被認為是太極拳健身的秘密法寶。中國醫學認為人的身、心是一體化的，他們的健康狀態互相影響，心理的不健全會

導致嚴重的生理疾病，因此健康應著眼、著手於身心兩個方面的全面協調。太極拳練意正是調心調神的方法。這種調心的關鍵在三個字「靜、平、鬆」，即心緒要靜，心態要平，心情要鬆。

鐘振山

太極拳的健身有自身獨到的地方。從整個太極拳的特點來講，它動作比較緩慢、均勻，再一個就是用意不用力，所以它對人的神經系統有很大的調節作用。從武式太極拳來看，要求「以意運氣」「以氣運身」，還要求「以心行氣」，再加上動作比較緩慢，所以這一些都可以調節人的神經系統。

特別是腦力勞動者進行了繁重的智力勞動，感覺比較疲憊，在這個時候如果你打一遍太極拳，就會感覺到心情

鐘振山太極拳勢

比較舒暢，頭腦比較清晰。所以說太極拳對調節神經，對恢復大腦疲憊有很大的作用。太極拳對治療神經系統的疾病很有幫助，這一點已經被很多例子所證明。

太極拳還對臟腑有影響。因為太極拳動作比較緩慢，講究練氣，氣要沉丹田，這一些練法對五臟，特別對肺的呼吸功能有改善作用。練拳時呼吸比較緩慢，用的是腹式呼吸，要求要細長，不會急促喘氣。練拳時間長了，可以加大肺的呼吸量。

練太極拳對脾胃消化系統也有一定的作用。因為雖然太極拳的動作比較緩慢，但實際上它的運動量相當大，因為它持續運動，所以可以促進胃腸的蠕動，對一些胃病或者腸病，都能起到治療康復作用。

太極拳對四肢關節、肌肉的鍛鍊作用也很突出。因為太極拳緩慢柔和運動，並且內力比較舒張，所以對關節，對疏通經絡都有一定的好處。

只要你長期鍛鍊，它自然能達到一個疏通經絡的效果，特別是關節炎這種病，只要你能堅持長時間的運動，它可以減緩、治療。

鐘振山演示太極拳器械

吳忍堂

太極拳是以心行氣，以氣運身，可使任督二脈暢通，大小周天旋轉，使身體陰陽平衡，使心肺功能的呼吸自然得以調理，吸入自然界的空氣，吐出體內的濁氣，在體內進行有效交換。

氣息在體內進行交換，保持呼吸道暢通，同時，增進了心肌、心血、心氧的補充，防止了肺心病、冠心病的蔓延滋生。由對心肌、心氧的供給，減少高血壓症，以及腦供血不足的症狀。並透過拳架規範正確的習練，促進脾臟的運化功能，以及胃部的消化吸收功能，保持消化道及胃部功能以補後天之氣血。促進先天腎臟的滋生，得以全身陰陽平衡調理，使人感覺輕鬆自

練太極拳使經脈暢通，陰陽平衡
吳忍堂演示

吳忍堂太極拳勢「雲手」

然，具有一個良好的精神狀態。

練拳者應該在太極拳的習練中不斷提高自身的文化素質和身心修養，追求高尚的文化品位和道德情操，達到心理和生理的平衡。這是養生的一個重要方面。

習練太極拳，還可使氣血調整，達到經絡的平衡和暢通，對於慢性病、疑難雜症都有康復治療的效果。比方說我在練「雲手」這個勢子的時候，運手中間走，我是以單胯調整，手臂旋轉，右手旋轉帶著的是心肝脾肺腎。通過上肢，手往上走、身往上漲的時候，不是身往上拔，而是襠胯在提著往上走，那麼，促動後天的腎臟，以及脾臟的運化功能，由運動旋轉的自然規律走，對胃部的功能，對於消化、吸收有很好的作用。再一個，由旋轉運勢而行的時候，保持自然呼吸和丹田的腹式呼吸，對心肌供血功能都有一個良好的作用。

經絡是中國傳統醫學在人體生命方面的一個重要發現成果，在中醫學中佔有重要位置。

太極拳的練習也突出對於全身經絡系統的鍛鍊作用，許多動作都有經絡引導疏通的含義，使得在太極拳練習中可以有效地調節全身經絡系統。

祝大彤

經絡是人體的活力系統，包括任督兩脈、十四正經等，如果你老去用力，會阻塞我們經絡的通道。還有我們人的血液循環，你老用力，血液不太通暢，就會帶來很多

練拳中經絡穴道處於暢通狀態　祝大彤演示

疾病。我們在練太極拳的時候，都是在比較和緩的狀態下進行，經絡穴道都保持暢通，這樣有利於健康。還有我們的脊椎，還有兩個腎，都不能太緊。我們練拳要講鬆，以鬆為好。

高壯飛

應該講我們採用了經絡運動來練習太極拳，經絡通了以後，電視上講，用經絡紮針灸來治青春痘效果很好，挺有意思的，不是藥物，經絡確實起到一定的作用。經絡現在在解剖學上不支持，但是中醫研究院針灸研究所的研究員們研究的它屬於光子系統，光子系統有序列排列，它看不見摸不到，而我們的視覺是光子系統，人身體周圍的氣

高壯飛講解太極經絡養生

場是光子系統。那樣的話，我們的經絡跟穴位結合適度統和能力，就能夠影響我們場勢的動作。

首先是經絡，我的體會是這樣，因為經絡都走的是四肢，針灸穴位都紮四肢，沒有直接紮到心臟上去的。但是它跟內臟有關係，所以我們說，用我們四肢的鍛鍊影響到內臟，但是我不提倡用它去治病。比如我這個動作就可以治心臟病，那個動作可以治高血壓，雖然我是醫生，我從來不拿這個來治病。因為沒有那麼簡單，就是我這一個動作，比如我這兒是肝，這肝就好了，因為這肝臟跟你肝的中醫的理論兩碼事。所以中醫的理論跟西醫的理論，它中間有一個最大區別，就是說它的五臟，是用它的性能、用它的功能來體會的，不是說實質的東西。

所以，我們練拳的話，用的經絡，這是外勞宮、內勞

宮，它與裡面有聯繫，但是我們聯繫的話，我們還是用內勞宮跟湧泉聯繫、肩井跟湧泉聯繫，用我們的四肢去聯繫，週邊去聯繫。裡頭怎麼辦呢？第一個我認為能吃能睡，大便很好，心情愉快，這就是對你身體內臟的保護，因為身體裡面是一個生理時鐘，它自己在走，你千萬別干涉它。

為什麼走道、上樓就喘、就心跳，因為你外界的動力影響了心臟。所以現在有有氧代謝一說，我認為有氧代謝是西洋體育的一種方法。但是我們要求的是什麼？要求不是真的特別需要氧氣，我這裡面也有了。你生理時鐘走的最慢，就是龜息，而且你裡面能量最少，而且它在運轉，這是最好的養生方法。

太極拳屬於這個，不屬於激烈運動。所以我們打太極拳，我打40分鐘再講兩鐘頭課，決不會心跳氣短的做。所以我們認為中醫以經絡、穴位結合你的運動，就是你這個軟體形式結合你的硬體去配合，千萬別說我這就是肝臟。

太極拳養生的一個重要原則是中和，無過不及，以柔和的動作，柔的意念來達到能量的轉運與儲存。所有動作講究一個「度」字，從醫學上來說，只有適度，才能既起到鍛鍊的效果，又避免了損傷。「度」是太極拳養生的奧秘之一，它就是中國哲學的養生實踐。

李和生

太極拳的養生效果非常好，練拳的人健康長壽的多。比如吳式太極拳，它是以柔化為主，它不以發放為主，這

李和生太極拳勢

樣有利於養生。吳式太極拳名家中活到90多歲的特別多，100多的也有。像吳圖南、楊禹廷他們都是著名的健康長壽。

太極拳是內功拳，是氣功的行功，運動中要求鬆、靜、慢、切、恒。如果在運行中大動、多動、妄動，就必然失去了鬆、靜、慢、切、恒的基本要求，所以切不可畫蛇添足，增添許多花樣。因此，一切違反太極拳理論的增舍嘗試，都是不可取的，不僅誤人，而且謬之千里。

太極拳屬內家拳，其與外家拳的區別在於主柔，柔寓於內。外家拳主剛，勁顯於外，內家拳先練精、氣、神，這是太極拳養生最重要的特點。

太極拳的內功層次分為三個境界：以身變手，以氣變手，以意變手。

太極拳練精、氣、神　李和生演示

　　第一層功夫「以身變手」，是煉精化氣階段，此階段在氣路上要練通任脈。這個階段要求身體各個部位的勁源，都要能反應到手上來，要達到此目的，關鍵在於腰，就是把腰勁也就是丹田功練到手上，練得渾身是手。太極拳論說：「其根在腳，發於腿，主宰於腰，形於手指，由腳而腿而腰，總須完整一氣，前進後退，乃能得機得勢，有不得機得勢處，身便散亂，其病必於腰腿求之。」從這裡可以看出腰的重要性。

　　所以，習練太極拳者，學會一趟拳架後，必須由著熟而研究每動的開始，要鬆腰腹接兩頭。每動完了時，也要鬆腰腹接兩頭。兩頭上邊指的是手，下邊指的是腳，每動都應該與腰合上，每動都應做到由腳而腿而腰達於手指的完整一氣。否則，架子練得再低，腳踢得再高，不符合拳

太極拳內功層次分三個階段　李和生演示

經的要求，也只能是表演舞蹈動作。

　　第二層功夫是「以氣變手」，這是煉氣化神階段。從氣路上要求要打通任督脈，在這一階段中首先要把丹田氣練足。丹田練好，神氣充足，就能夠以心行氣，以氣運身，此時肢體轉動就會更為靈活，氣足後可通督脈，進而沿尾閭、夾脊、玉枕、玄關而上，下任脈後，而使氣遍周身。

　　第三層功夫是「以意變手」，這是煉神還虛階段。從氣路上講，這個階段要求打通全身經絡，即大周天循環運轉。因為意比氣的惰性更小，所以練好這層功夫後，就可以做到意在哪裡，氣就在哪裡，勁也在哪裡，這層功夫必須有明師指點。

　　太極拳總的行拳走架的原則是：根鬆催，中通順，梢發透。全身的虛靈之意向下鬆催，引根之反作用力上行，由腳到腰、脊、肩、肘、腕而行於手指，太極拳的意境就開始出來了。

　　拳勢打圓，肢體鬆透，意念輕運，勁道通暢，神清氣

爽，其樂無窮。

高壯飛

吳式太極拳講究「不過」，這對養生很關鍵。不過就是適度，比如這一抱，到一定程度就行了，沒有做得特別大。不過有什麼好處？它對能量是非常節省的。我常拿這個做例子，一個自行車的前軸後軸，你把這軸緊到家了，緊不動了，不是最佳狀態，你稍微鬆一點，這是最靈活的一個狀態。吳式太極拳恰恰是剛剛到那以後再收這麼一點，這是最靈活的那一點，就是最佳點，這最佳點能量最省、最靈活。所以吳式太極拳有「獨立式身形」「斜中寓正」「川字步」，這都是「不過」的練法。

有的人練拳壓腿壓得特別低，或者特別高，或者開度

太極拳架勢始終尋求人體的最佳點　高壯飛演示

特別大，都不對。吳式太極是處於中間的，好像有點中庸之道的意思，它所有的架子都是在最佳點的那個地方。

太極拳還有一方面，即「不傷」，第一不能傷自己，第二不能傷別人，第三個不能傷和氣，要和諧，這三不傷體現太極養生的特點。不傷自己這個問題挺複雜的，人傷自己的話，一般有三個方面，一個物理性的，一個疾病性的，一個化學性的。

物理性的，就是說膝關節損傷，各類肌肉、骨骼受傷都是這類。有的人認為練拳時間越長，越刻苦越好，這是一種誤區。有的練拳導致努傷，嚴重的就會吐血、尿血。你一天練九個小時，練完了以後，最後終於尿血了，這就不科學。你想你要練拳尿血的話，這拳你練它幹嗎？為什麼會這樣？他肯定是練憋了，練努了。如果要想不傷自己的話，應該瞭解自己人體的結構，應該按自己本身結構去練拳。避免物理性損傷是太極拳最基本的健身要求。

還有化學性的。我們練太極拳應該是非常愉快，非常高興，在這種情況下，大腦 α 波，有它一定的波長，這種波長在腦子裡產生一種內啡呔，能使人愉快、止疼，而且健腦。如果你不放鬆，緊張了，就產生腎上腺素，產生氧基自由基，它攻擊心臟，攻擊血管，導致動脈硬化。腎上腺素讓你心跳加快，讓你整個內分泌失調。所以有的人練拳練得脾氣很大，總想打人，這就不好，所以我們練太極拳心裡平和，很自然。所以太極拳的養生，從動作上不損傷自己，從情緒上是一種很平靜的狀態，動靜相間。當然練拳也要有一定的營養，要保持良好的生活習慣，還要有

一定的娛樂行為，有一個
健康的思想。蕭伯納有一
句話：「人生不是短短的
蠟燭，而是接過前人的火
炬，到了我們這輩點得更
亮，再給下一代。」人的
健康有一個健康思想很重
要，健康思想才能保持健
康的情緒，才有健康的意
境。所以練太極拳是達到
這種意境的一個非常好的
途徑。

太極拳的平和狀態　高壯飛演示

　　我們做過一個分析，
就是人直立了以後，也出
現了一些負面影響，比如說脊椎直立了以後，大腦在整個
身體的上面，腦子供血不充分。再一個，人直立了以後，
整個的壓力，對脊椎的壓力形成了一種破壞性。還有呼
吸，所有的動物都是腹式呼吸，我們還是需要靈巧的腹式
呼吸。所以我們講丹田氣就是這樣，注意腹式呼吸問題。
在消化方面，人類的消化系統也退化了，人類的情緒、喜
怒哀樂這些問題都是影響人壽命的關係。

　　練太極拳能夠糾正大腦的供血，糾正脊柱壓力的影
響，糾正你身體的各個關節。比如到老了以後，膝關節、
退化性的骨關節病變都很多，為什麼多？因為沒有保護
好，這也會影響人的壽命。我們研究太極拳，講究所謂

「氣運身」，氣是讓他全身都能很協調地工作，適合你的每一個條件，無形中對內臟來說，就是一種很好的調節。

我在講課的時候，從來不具體講哪一式對心臟怎麼用，不能給他一個固定的概念，說做這個動作能治療心臟，如果這樣，有時候會引起誤導，或者形成條件反射。練拳的作用應該是自然形成的。筋骨舒張開了，血脈循環開了，經絡循環開了，健身養生效果自然就有了。

所以，中醫有它一套辨證施治的方法，對太極拳養生來說，它也等於辨證施治。因為中醫講陰陽表裡，虛實寒熱，在太極拳我們把「寒熱」這倆字變成「動靜」，就是陰陽表裡，虛實動靜。就是說我們把這些經絡平衡了以後，自然臟腑就很平衡。

人的 α 波跟 β 波，β 波是紊亂的，這時他處於 α 波，他腦子可以反應很多東西，以至於慌慌張張，這是 β 波，

虛實動靜　自然舒張　高壯飛演示

什麼都忘了，沒有全面的動作，這個時候對大腦是損傷的。這一類的情況，它產生的化學物質也不一樣，尤其是滋陰養陰的問題。很多人的老年斑一塊塊黑的，都是滋陰養陰，自己氧化自己，這一般來說，都跟脾氣急躁有關係。所以太極拳應該是陰陽和合，平靜、安靜，練拳以後達到這樣的一個氣質。我認為太極拳應該有氣質，沒有氣質的太極拳是初期練習的水準。到了高級水準，必須有氣質，這是我們生命的一種狀態。

太極拳式有很多動作，但這些動作不能過分，應在動中保持中和。活動是保持活力的一種方法，人的肌纖維到老了以後，會減少、無力，我們怎麼樣讓肌纖維發揮它的力量，就是科學的運動。我們有的人練一些剛猛的體育，韌帶撕裂、肌纖維撕斷，還有關節損傷，這是傷身的，所以不是說動就養生。

太極拳是科學地動，可以避免損傷。另外一個，太極拳的技擊作用本身是一種養生，為什麼？知己知彼的時候，確實是一種運用了右腦和左腦的高度的配合，對空間的認識，能健腦，能健身。

把握好練拳的「度」是養生重要的一方面　高壯飛演示

我們要防止在鍛鍊中身體受到破壞。有人練拳有膝關節受傷的情況出現，這是練習要領不正確造成的。為什麼膝關節會受傷呢？膝關節有髕骨、韌帶，它的股骨跟上面大腿形成關節面，跟下面小腿並不形成關節面。這個關節面是一個軟骨組織。這個關節，它的內在結構是什麼，就好像一個大橋，上面一個圓拱，拱上面一條一條拉著，整個大橋都很平坦。軟骨組織就是這麼一個結構，是一個半圓形，底下是一個平的，上面豎著一種軟骨的纖維，這樣形成一種又有彈力，又耐磨，又有拉伸力的一個保護性的東西。一旦受到破壞，它這個結構不穩當了，它就沒有形成膝關節、髕骨跟股骨關節的作用，而且會產生髕骨老化、髕骨骨刺、髕骨磨損，失去關節的應有作用。

很多人練拳不瞭解這些，沒有真正明白練拳要領，盲目地進退，盲目地下勢，盲目地轉腳、轉身，最後受到破壞了，疼痛，吃藥。吃藥只能止疼，改善不了這個組織結構。所以《中醫》講「因勞而傷，因傷而損，損而不復」，我們練拳要注意這些。「因勞而傷」，傷還可以調養，到「損」了它就不能再恢復了。

所以，我強調練太極拳應該有度。所有的東西都應該有度。這個「度」很要緊，我們身體有體溫溫度，血液裡面有pH值也是度。各方面條件都有度，這個度既是要達到一定標準，也是適可而止，是一個非常自然的狀態。

太極拳練習也應該有度，什麼是太極拳的度？我們應該去認真研究，其中應該包括它的角度、它的力度、它的氣度等等各方面的情況。

劉建波

　　養生實際上是太極拳講的一種最高境界。對於武術來說，最高的境界，就是既能養生又能技擊，它不是單純的技擊，它必然融合了養生。

　　太極拳講的養生，也不是單純意義上講的這個養生，咱們講的，是一種練養

李益春太極拳勢

結合、打養結合的綜合性效果。這是傳統武術的本質。內家拳，太極拳，實際上就是一種內功心經。像《易筋經》《洗髓經》，是總結了中國幾千年來的一種體育文化。

　　太極拳在養生上的一個重要原則，就是天人合一的整體鍛鍊觀。中國古人提出的天人合一的思想，就是人與自然和諧的一個典型體現，就是人的生命活動要符合自然運行的規律，這思想在太極拳鍛鍊中得到了淋漓盡致的體現，並收到了極好的養生效果。

翟維傳

　　大家都說太極拳能養生、益壽，《太極拳經》上也強

調「詳推用意終何在，益壽延年不老春」。練太極拳能益壽延年的道理就是「內外相合」，好比說鬆緊合度，一鬆全身要放鬆，一緊全身要緊，鬆緊合度就是一種整體觀。這是自身的整體觀，還有人和外界環境的整體觀。

意氣循環　翟維傳演示

　　再一個要點就是意氣的循環。太極拳的意氣循環要結合內力，形成意氣跟內力的循環，就是有一個地方有毛病的，它透過氣血打通了，對身體就有好處，這也是整體性的觀點，就是用整體來修補局部。

　　太極拳現在練的人很多，就是因為練太極拳能增強人的壽命，提高人的免疫能力、抵抗能力，透過正確鍛鍊就可以達到效果。

曹彥章

　　太極拳你練了不能停，你得每天練，如果你每天打85式這個拳，你每天必須打兩套。我們練完了以後可以打十多套，現在一般的人連85式都練不了，這就是功夫不夠。這一套要練30分鐘，如果練8式，兩分鐘完了，16式兩分半，24式五分半，32式五分半，42式五分半，都是五分多

曹彥章傳授太極拳

鐘就練完了。

　　太極拳有一套「家手」，我還練一套「快手」，「快手」10分鐘就練完了，如果練「家手」就練50分鐘到60分鐘，一個小時才能練完。內功都走的內氣，內和外都是相結合，整個的身體才是健康的。

　　內功只要把內部練好了，你外部才能強。如果你外部強，裡邊是空的，這樣就會生病。

　　師父身授口傳，自己還要細心體會。你光從理論上研究還不行，要實踐，看的再多，還是不能真正的懂。真正得到高水準老師的言傳身教，是練好太極拳重要的一個條件，老師給你說這是個什麼特點，在什麼地方運氣，你體會到了就掌握了。沒有老師的指點，你自己練一輩子也提高不了。我們學的時候很多也是不懂，我就問老師這個勁怎麼用，為什麼我們總用不好，他說你慢慢來別著急，學

曹彥章太極拳勢

到一定程度你就會了，但是你每天必須得磨鍊，你如果說今天打拳明天不打，你永遠不會成功。拳從下層、中層，再到上層才能有境界。如果你不到上層，你到不了境界，先有功夫再有境界。功夫越深越好，境界則是一種適當的位置，不能過，比如一出手，你超過了不行，回來不行，必須到位。境界的東西要感悟。太極拳養生不是越大功夫效果越好，要真正懂得規律，掌握平衡的訣竅。

太極拳的養生是一個理論、實踐相互結合的過程，掌握了它的鍛鍊方式方法，還要勤於實踐，長期堅持不懈，瞭解了太極拳的健身原理，就有助於我們更好地練習太極拳，從而達到最佳鍛鍊效果。

<6>

太極拳理法的奧秘

陰陽運天地，

剛柔衍乾坤。

太極拳是一種獨特的運動形態，它在中國武術發展史上作為一個流派形成比較晚，吸收了眾多拳法的精華，構建了理法兼備的技術體系，要學好練好太極拳，必須對它的基本要領有著準確的掌握，對它的核心原則有透徹的理解。

阮紀正

對於太極拳的理法原則，不同的人有不同的概括。我從文化角度概括是三個基本原則：第一個是鬆靜為本；第二個陰陽相濟；第三個以柔克剛。這三個原則也是它三個基本操作的規定。

「鬆靜為本」是太極拳區別於別的那些剛性武術、體育項目的一個形態要點，它講究鬆，講究靜，這顯示它獨

太極拳鬆靜爲本　劉綏濱演示

特的運動特點。

　　「陰陽相濟」
是個結構性原則，
這個結構在太極拳
裡面表現自己的特
色是什麼呢？外形
上表現就是中正和
圓活，內在就講究
一種平衡，講究陰
陽之間能夠平衡，
講究那種變化。

　　「以柔克剛」
是一個操作特徵，
更進一步體現陰性
文化，強調用虛、
用法、用柔的特
徵，講究怎麼以柔
克剛。

　　這是三個原
則。當然你也可以
從另外一些角度來
概括，比如重點從
操作的角度來概
括，還可以主要從
形態上來概括，我

太極拳陰陽相濟　呂德和演示

太極拳以柔克剛　祝大彤演示

覺得從文化上來概括更加廣適一些。

太極拳的理法不僅僅是抽象的道理，而是一些具體的要求，並且貫穿、體現在太極拳的每一種練習方法、每一個動作招式上，這些就成為太極拳練習的原則要領。

阮紀正

一般武術上的說法，就是「拳起於易，而理成於醫」，我想太極拳也是這樣「拳起於易，理成於醫」，那個「理」更多是講人體活動模型那個理，提供人體活動機制的一種解釋。它就提供一種基本構成的框架，陰陽對峙這個框架，所以它起於「易」，成於「易」。

抽象跟具體，它應該是貫通的，每一個動作是可以體現出來的，這要靠你自己的體悟，要靠你摸索。我自己的

應對問拳　阮紀正演示

辦法就是到處去「問拳」，不但尋師而且訪友，大家透過一推手一摸，有人有個外力在那裡，除了我還有一個非我，從我跟非我互相應對裡面，來體現互相之間陰陽的變化，體現虛實的變化。

高壯飛

太極拳理法中有個「升降沉浮」的概念，很重要。比如人體體位上升了還是下降了，你的內氣的升降沉浮，每個動作含有各種升降沉浮在內，都有一種沉和浮的一種作用。對於形態，你可以用升降沉浮來概括。

太極拳勢含有升降沉浮　王培生演示

怎麼樣去體會升降沉浮？可以簡單用在水裡的感覺做比喻。我們在水裡面，就會感受到水產生的那種浮力，你起落的時候，內外都會有變化。鄭曼青先生把練拳總結為「陸地游泳」是有道理的。

太極拳推手跟練架子有很密切的關係，練拳的感覺會貫注到推手中。如果我往下一蹲，形態上肯定有升降，但如果只有升降，沒有產生沉浮的作用，那只是有力而無用，那只是一個鬆，沒有空。所以升降沉浮是同時的、一體的。這是太極拳很關鍵的一個理法。

空是「用」，不會空就不會用太極。拿泥巴燒一個碗，中間是空的，這個碗叫力，中空叫用。它為什麼空呢？像咱們架子練起來以後，它周圍有場地是空，你是在整個的這一個空間裡面動作，我的手腳在這個層次、在這個空間中運化，我們把空間都照顧到了，我們的運化，我們這才

高壯飛講解會用「空」方為太極

叫鬆，假如就隨隨便便這樣打出去了，就這一條胳膊支棱著，別處我不管了，照顧不到空，那我們的身體就完了。

比如我要托對方的這個肘，我丹田下沉一點，我腳底稍微踩一點力，他這個肘就下不來了。假如我使勁一托的話，我一個力他兩個力，我三個力他四個力，就是以力憑勝，就較勁了。我們沉了以後，他的力順著我的沉勁下去了，下去到我腳下以後，我從地底下反升一個空，反升一個浮的力量，這一種就要把他拿起來。這就是我們太極拳常用的一種反應的力量。

太極拳的動作一個是多層次、多角度的。多層次，就是從腳底下一層一層上來，而多角度，就是它空間變化有各種角度。這個角度，前後左右好走，而有些角度比較難。角度牽扯到層次問題，因此太極拳動作是一個很複雜

體會到太極拳的空才懂得太極拳的奧妙　高壯飛演示

的空間問題。

比如我隨便一個提起來的動作，在變化過程中，有前方的方向，還有是一個平行稍靠上的角度，也有向下的角度，這個角度是不斷變化的，它有一個回來回去，這樣就產生了一個沉浮。體位的變化形成了沉和浮的東西。沉浮勁是水，水有一個東西放在上面以後，它能夠浮起來。雖然我們講「空」，實際上內容很實。

余功保

太極拳「空」的理論，從形上說是消除身體的「緊張點」，讓全身內外保持一種高度流暢、通暢的狀態。從意上說是消除雜念，減少精神的能量損耗。「空」了，才能做到「神全」。

做到「空」，才能達到神全

高壯飛

我講一個雲手的例子，來具體說說練法。雲手在八十三式也好，三十七式也好，都是一個很重要的式子，因為它是橫向的循回，它又是個馬步，重心有轉移。一般我們練式子要重新開始練的時候，我們先做一個開式，這樣的話，拉單鞭。注意，單鞭式，吳式太極拳是正的，叫「拉單鞭」。拉單鞭的意思就是說這兩隻手是斜角，衝那邊，這兩個膝是斜角，衝這邊，是這麼一個方向的，不是平面的，這是第一個式子。

這隻手是鬆手腕，從這手腕再從外側過來，從後背通到這隻腳的腳跟外側，這隻手從手心過來走前面的裡側，從前胸通到腳的內側，所以這個是在後外，這個在前內，這麼一個形式。眼神順腕指看出去。這就是雲手的單鞭。

吳式太極拳雲手的單鞭　高壯飛演示

吳式太極雲手　高壯飛演示

　　接下來的式子要落手，不是手落，是身體下落，總體下落，總體右移，這手是被動的，如果手主動去動，就要丟了。身體總體下落，總體的右移，到這腿以後往下鬆，胯也鬆，這手輕輕地到這來，蹬左腳跟，這手到這了以後，有個掖掌。

　　掖掌什麼意思呢？這條腿能夠拿起來，假如這以後這腿拿不起來，要掖一下，這腿能拿起來，眼神再看。

　　然後有一個翻指的過程，起到領勁的作用。用二指作軸，拇指翻轉，身體總體左移。這手到這以後也是掖，這個掖掌又是什麼意思呢？就是往下、往前，往下推一下，掖進去，這腿能夠拿起來，為了這腿能拿起來。這腿能起來，這就虛實分清了，拿不起來，虛實就還沒有分清。然

後再起來，併步。併步的時候注意二指作軸，拇指翻轉，使兩胯有一個這樣的作用，不是扭轉，也不是下蹲，而是一個螺旋形的下來。它是這麼一個勁，這腿才能拉得開。這時候再掖一下，再走。起身的時候注意，是胯起來的，不是前面起來的，用這兩個胯起來，起來以後人有點好像這麼一個面積似的。再走、再掖、再

吳式太極拳「抱七星」　高壯飛演示

起，二指為軸，拇指翻轉，送出去以後，這手掖掌，注意有一個這個掌法，起來。

變鉤怎麼變呢，再做一個掖過去，起來，變鉤時先推掌，再推掌的部位變鉤，這手補這兒，拉一個單鞭。拉單鞭注意，有點這種勁，這個勁有什麼作用呢？它可以走起來，下面收式。

單鞭，還有個式子叫斜單鞭，斜單鞭跟這個就不太一樣了。八十三式有個斜單鞭，三十七式沒有，到這兒鬆過來以後，這腿是這個勁。

撐足跟起來，它下面開一下要走這種式子，變抱七星。所以我們說有一個練拳的原則，就是你這個動作下面要接什麼動作，必須把這個式子做好下面接動作的動作。

比如說我提起來，我提起來為的是下蹲，我下蹲為了收式，收手，收手為了下按，下按為了轉移，轉移為了出手，出手為了抱七星，抱七星為了出腿。就是說這個式子給下個式子做好準備。

如果你晚了就不行了，每個動作要提前有個時間差。要趕

太極拳往復折疊，循環無端
周世勤演示

出前半拍來。就是說你這個動作要做的時候，在前一點的時間已經做了這個動作的準備了。所有式子都如此，摟膝拗步也是這樣。所以我們的架子有連續性，接住手以後，我的下式就有了。

剛才說的是練拳往前趕的情況，但有的時候是往後趕的。它為什麼還要往後趕呢？接手的時候，它有一個拿勁，你來手以後，它往後趕了半拍，我多走了一點，我再回來，「望」他一下，就叫化力，往後走了半拍再往回走，有的往前趕半拍往回走。這個就是往前趕走一點，收回一點來，這時候你才能上腿。如果你直接就到位了，重新再走，那等於重新走，沒有連貫性。所以架子從頭到尾是一個式子，從開式到收式是一個式子，中間有許多的往

復折疊。

所以，拳術講的話叫如環無端，它是一個圓的意念，而不是完全圓的結構，因為圓的結構要從裡面走出來。但是意念絕對要圓，為什麼？就是這樣介面。

好多式子都是這樣，攬雀尾，在太極拳裡面是一個比較基礎的一個式子。你按八十三式來說，是九個攬雀尾，一個攬雀尾後面跟八個動作，這樣過來的。攬雀尾是什麼呢？是掤、捋、擠、按、採、挒、肘、靠都在裡面，這是一個式子，回來以後這是採，這是挒，這是上挒，這是回捋，這是挒，所以掤、捋、擠、按都在裡面。

但是這裡面它要有一個要點，就是有一個「上下相隨」，《拳經》講「上下相隨人難進」。什麼叫上下相

太極拳勢攬雀尾　翁福麒演示

隨？上邊跟下邊是互相隨的，有的時候是下邊隨上邊，有時候是上邊隨下邊，這一點我們要在架子裡面注意。

練習拳式的時候，上邊做主動和下邊做主動是交替的，這時候上邊做主動，跟著又是下邊做主動。那就等於這個式子是上邊主動走，下邊跟著它走。這個動作是下邊主動走，手跟著它走，這個動作又是手主動蹲下跟它走，下邊是下蹲主動，手跟著它走，到這以後手主動，腿跟著走，下面是腿主動。

你看這個上來以後不是手主動，是腿主動，是腿把手轟出去的。這個地方是手主動，腿再動，這個地方是腿主動，這個地方是手主動。所以，我們說這個架子它是腿主動、手主動，手主動、腿主動。它是反覆實施的。

這些練法的依據是什麼，是太極拳的陰陽之理，是太極理法的具體體現。你明白了太極理法，對這些練法才能做到心中有數。

相隨，「隨」是什麼意思呢？「隨」是「隨機」。就是說你兩個東西中間的接頭叫「機」，佛家講叫「研機窮理」。「研機」是

陰陽變化，得機才能得勢
翁福麒演示

什麼？就是找事物的頭，就是兩個接口的地方，研究這個地方，是變化的關鍵。太極拳陰陽的變化，那個臨界點，就是「機」。研究太極理法，這個關鍵點不可以忽視。

　　一個「抱七星」，是這樣來區別的，這也是我們太極拳的一個原則，就是說上邊主動帶下邊，下邊主動帶上邊，但是它要隨機，需要的時候這樣做。

　　我們所說的「抱七星」還有一個整體性的涵義，這是太極拳的又一個理法要領。太極拳中把頭、肩、肘、手、胯、膝、足這七個部分叫「七星」，這七星就是說我們身上所有動作的關係，因此它也就包含身法了，比如說鬆肩、墜肘、鬆胯、提膝、豎腰、立頂、含胸、拔背，這些

太極拳要體現整體性，協調性　劉偉演示

要領合在一起，太極拳的整體性、協調性就出來了。

余功保

太極拳的整體性是由各個局部要領來貫通的，局部要領正確了，整體的協調性才能真正實現。局部要領不正確，整體性就不會協調地很徹底。

太極拳的理法，從形式上是相對整體性而發的比較多，但實際上是要貫徹到各個局部的練法中去，局部要領出問題，整體上一定有問題。

高壯飛

我們不能忽視一些局部的練法，不正確了，往往要出大問題。比如膝蓋的問題，因為現在有很多人練拳，姿勢很低，膝蓋出去了，它不是提膝，而是弓膝。我們要求的膝蓋是提膝，鬆胯，這腿能起來，假如你弓膝的話，這腿腳起不來，這樣膝蓋要受傷的。

還比如，我說腰動，那你的胯必須得動，你襠必須得動，你不是單純的腰動，它是一個整體性。在鬆腰過程中，你光鬆腰，你的腿就不能自如地動。一鬆胯腰就下來了，胯往下一沉腰就上來了，我這襠一開，我這臀就下來，它總是一個互相之間的關係。所以我說身法是一個相互的關係，為了什麼，為了保持一個垂直性，身法基本保持一個垂直性，鬆直是太極拳的基本形態。

太極拳之理根於陰陽，明陰陽是太極拳理法的重要一

環。依照陰陽和諧的規律練拳是太極拳的一個重要要領。

高壯飛

　　陰陽的問題不是簡單的重心轉換，還包括內氣、內勁的轉換。比如我一接手，我用陽面接他，接了我用陰面來走，這叫做「負陰抱陽」。

　　陽面接觸是感覺，陰面走是運化，兩個不能一塊，假如用陽面走的話，那就走不開了。接觸了以後，我用陰，什麼叫陰呢？就是裡面的氣化。陰陽在這裡一個是動作，一個是氣化，用氣化來走這個動作。

　　這是陰陽理法在推手接手上的一個應用。不管你用陰陽也好，用科學道理也好，用經絡穴位也好，你的研究是太極拳必須符合太極拳的拳理拳法。

太極接手負陰抱陽

翟維傳

太極拳總體是一個陰陽變化。具體的陰陽從身上分，兩個胳膊、手，這叫開合，虛實，兩個腿分的是虛實，都是陰陽。再一個就是進一步，退一步，腿也是分陰陽，這個陰陽在身體裡分得很全面，可以分多處的陰陽。

陰陽相濟，虛實相應
翟維傳演示

比如說王宗岳《太極拳論》說「左重則左虛，右重則右杳」，意思是左重則左虛，也是讓對方琢磨不定，也是個走的問題。王宗岳只是說了一半，在李亦畬這個拳論又給補充完善，「左重則左虛而右已去」，它又形成這個了，就是左重了我左要走，可是我右已去了，這就是一個走一個站，形成陰陽相濟了。

余功保

陰陽在太極拳中既是抽象的，又是具體的。抽象的，就是它無大小，無內外，無定勢。具體的，就是它貫穿在每一個動作中、每一個身體部位中。

翟維傳

身體每一動都有陰陽，比如手上的動作配合，兩個手之間，肩跟手之間，肘跟手之間都可以分成陰陽，手一變化，這一走架，一走勁，陰陽就有了。拳勢形成中，這個走，這個步，它在移動的時候都形成了陰陽動靜。

由手掌的變化可以調整陰陽

再一個，從陰陽上說，從開始又到手裡小的，小到什麼程度，這個陰陽相濟，小到什麼程度，小到你肢體的陰陽。比如說我這一轉，我這面是陰是走後，這面往前就是陽，就是小到這個程度，這一轉，這陰陽就有了。

陰陽無處不在。我比畫一個指頭，這個指頭一點你，這個也可以進行陰陽調整。整個手掌，都可以調整陰陽，它根據陰陽相生相剋的原理來做變化。比如說手前面一碰對方，一下就推出去了，這就是一個陰陽的調整。陰陽在層次不同的情況下有不同的認識。

「中正安舒」是太極拳的一個核心要領，要求人的身形要正，同時儀態也要正，這樣才能實現氣正、神合、舒暢、自然。

祝大彤

「中正安舒」是練拳的第一個條件，我在《太極十三篇》中寫的是「安舒中正」。最關鍵的是，心神意氣安靜、安舒，這樣才有肢體的鬆開，所以大家在練拳的時候一定注意中正。比如起勢，一般各種拳都這麼起勢，隨便一站，鬆左腳，實右腳，開。這個表面看中正了，但神意不中正也不安舒，就起不到很好的效果。修煉太極拳，就是內心修個「靜」字，安靜的靜，外邊是乾淨的淨。

先安舒後中正，這安舒就是心神意氣安舒，才有外表看上去的中正。有人練拳這樣貓腰了，就不中正也不安

做到神意的安舒，才能真正實現
形態的中正　祝大彤演示

舒，如果你做下式，不在高低，在正，如果說提手上式，這也是正，不管方向怎麼變化，還都是正。「中正安舒」不在架勢的高低，要安舒中正，裡邊的心神意氣安舒了，就是鬆開了，外形就是中正了。

　　我最近看有的名家的推手光碟，老是在貓腰，跟對方貓腰，這個是一個師傅一個傳授，反正我要注意中正。我見過的北京老前輩，比如崔毅士、汪永泉等都是很安舒中正的。汪永泉大師推手時候，他就是這麼站著，我就問他了，我說楊式拳都是大步，你為什麼小步？他說靈活，他就這樣，他的大弟子朱懷元也是這樣的，沒有一個貓腰的。吳圖南先生也是這麼一站，他也沒有貓腰。楊禹廷大師也是，他總是這麼鬆空地一站，就是安舒中正了。

　　太極拳「攬雀尾」一共八動，方向有變化，來來回回

汪永泉先生拳勢　攬雀尾　　　太極拳起勢　祝大彤演示

都是正的。手尖、肘尖、腳尖互相說話，變化很靈活，但中正是始終保持的。

我練拳的體驗，沒前沒後沒左沒右，是渾圓的。你往前一走，後面一推丟了，一碰就丟了。所以，往前去也是正的，我往後去還是正的。我做一起勢，你攥拳頭推我，如果我有貓腰動作，就站不住，被你推出去了。如果我中正了，我這一鬆到頂了，我自然開腳，你推我沒有影響，推不動我。如果我現在站得不正，輕輕一推我就站不住了。我如果站正了，用力推，使勁推不起作用，為什麼？我中正了，我裡面安舒了，外表中正，推不動，使勁推對我沒有效果，我還可以動，腳下隨便動。

所以，要鬆開，要中正，必須心神意氣安靜，鬆開，外表就鬆開。

喬松茂

從身法上一定要把脊樑骨豎起來。老前輩們說，脊樑骨豎起來，才會分虛實，變陰陽，如果脊樑骨不豎起來的話，那就一輩子也分不清虛實。無論是精氣神的運用上，還是在形體上，要求是「周身一家腳手隨，一動無有不動，一靜無有不靜」。

喬松茂演示太極身法

祝大彤

太極拳的理法說深刻就很深刻，說簡單也很簡單。說白了，我從汪永泉大師那得到的一點重要東西，就是「一致」。

這「一致」包括你身上所有的動作應該是「一」。比如汽車四個軲轆一塊兒轉，不可能三個軲轆轉一個不轉。王宗岳有一句拳論是這麼說的：「太極者，無極而生，陰陽之母，動靜之機。」我提出了一個中軸線，如果你做單鞭，手不要動，太極拳就不應該有手，有人練太極拳就在那晃悠手，不對，太極無手。

我為什麼說中軸線？鼻子是中心，我站這兒，鼻子這動不了，怎麼辦呢？實手作為鼻子出來了，太極拳最忌妄動，我走到哪兒鼻子就到哪兒，手到哪兒。

太極拳是一種道，本質上來說不是用來比賽的，是自己在修煉你的身心，悟道。我們要修鬆、空、虛、無。鬆是鬆柔，這柔可能就是鬆筋，肌肉都有了。

鬆靜，心要靜，還有一個要鬆淨，這乾淨跟太極拳也有關係，就是你們看不見的地方，心神意氣要靜，看得見的地方都要乾乾淨淨的。看見臉、胳膊、身軀要乾乾淨淨，怎麼乾淨呢？陰就是陰，陽就是陽，無極就是無極，分不清就是不乾淨，不要搞不清楚裡面混混沌沌的東西，不是，要很乾淨。所以我們提出來，它的最高境界、上一個層面是什麼呢？靜，極靜。

太極拳最重要的理法就是自然，自然了就舒服。我教

拳就提出來，你的步大小沒有要求，你舒服就行。咱們練內功修的大道。有人說「大道太極」。問題是你怎麼練得大道？首先要練好基本功。基本功從腳開始往上練，從腳往上練我有根據，王宗岳說「其根在腳，由腳而腿而腰總須完整一氣」。你得從腳上練，你不能從頭上往下練。

還有一個大家繞了好幾年的彎路，繞不出去，現在我跟大家介紹一下。「頂」，你看那太極拳書上，「頂頭懸」「豎腰立頂」，頂說得挺多，有的老師把頂說成不得了。

我們練拳，講究鬆就到頂，為什麼要提出豎腰立頂呢？後來我提出要減法練拳，為什麼提減法？我覺得減法

祝大彤太極拳勢

最高明，減法最方便，減法最自然。練太極拳要從腳往上鬆，鬆到手梢。原來我也走了很多彎路，豎腰立頂，越豎就越豎不起來。太極拳要練頂，人類自然有頂。你的腳平鬆在地，起碼你的腳要放在地下，不要踩在地下。

說我用武術的方法練拳行不行？不行，此路不通。因為我們從小看武術，我練太極拳用這種方法，不行，你練幾十年也練不出來。如果用人類日常活動的方式去練太極拳行不行？不行。

比如人類活動方式之一走路，它跟太極拳不一樣，太極拳沒前沒後沒左沒右，我體會的，你不能有往前去的意識，走路潛意識就是往前，跑、跳、上樓，它有潛意識，它就這麼做了。所以人類走路方法與太極拳有所不同。

太極拳是減法，大家可以體會一下。你先減，你如果邁左腿，把左腿的重量減掉，加在右腿上，你才能邁步，邁完步以後減右腿，加在左腿，右腳邁上去了，這很自然的事。有人會說走路誰不會，研究那個幹嘛。這個是太極拳，你減完了加，現在我要不說這個加字，你就減，不減你沒法邁步。所以你要練太極拳，研究你走路，練走路，你的太極拳內功就來了。

原來有一句話「行氣如九曲珠」，我就琢磨了，這「九曲珠」是什麼？到現在鬧不清的人太多了，我把它簡單了，破譯了，就是九大關節你要放鬆，腰是最大的珠子，四珠，腳、腿、胯、腰四個珠子。

那麼，練拳你得有體能，足球運動員三千公尺跑，散打運動員三千公尺折返跑，那咱們太極拳得有要求，你練

全體透空是太極境界　祝大彤演示

太極拳，要求你，你的體能是什麼呢？我說一個，關節要鬆，要節節貫穿，虛靈在中，這樣練就出太極拳的體能。

太極理法中還有一個字很重要，「空」。空是什麼？《授秘歌》大家都看過，《授秘歌》的第二句：「全體透空。」身上空，練空了。練空我有一個說法，就是肩以下胯以上，胸腹要空，這是一個要點。

咱們這胳膊，你要是不練太極拳，你胳膊是肉的，骨頭的，你練太極拳也是肉的，骨頭的。但是加一條，這是無數點，上億個點組成的一隻胳膊，你要鬆的時候，鬆到什麼程度，鬆到肌肉、肌群之間，肌肉與骨頭之間都要鬆開。

還有一點，「虛」。就是虛靈。武禹襄有一句話：「虛靈在中。」提到虛靈了，虛靈是什麼東西？簡單說就

是「沾黏連隨」，摸哪兒哪兒虛靈。

中國傳統太極拳論是太極拳理法的精闢體現與濃縮。它們從各個方面、各個角度、各個層次闡釋了太極拳理法的內涵。這其中最為傑出的代表則是王宗岳的《太極拳論》，這是一篇太極拳練習的必讀文章，是太極理法之綱。

阮紀正

王宗岳《太極拳論》的基礎就是周敦頤《太極圖說》，他就是用太極的基本理念去描述太極拳整個的操作方式。整個理學框架是中國武術理論的基本框架。

中國武術的架構，我認為是一個非常開放的結構。比如後來到了新文化運動裡面，它大量吸收了西方的一些文化，哲學、理論學、教育學、心理學、生理學、解剖學、物理學、力學等等，它不斷在吸收有益的營養，不斷來擴展自身。

余功保

王宗岳《太極拳論》是傳統拳論中系統性比較強的一篇著作。它的一個顯著特點就是重點論述太極拳的理法，不是停留在抽象的理論上，而是涉及到很多練習的要領方法，但又不拘泥在具體的招式練法上。

所以，王宗岳《太極拳論》既具有很強的實用性，具有實際的指導意義，又有高屋建瓴的宏觀視野，這就決定了它在太極拳發展中特殊的歷史地位。

拳諺說練拳先明理，理法是太極拳練習所遵循的基本原理和法則。理法是透徹理解太極拳拳法，是練好太極拳的前提條件和關鍵步驟。

鐘振山

所謂的太極拳，第一要求的是靜。所謂的靜，它是起到三個作用，一個是思想靜，再一個是虛靜，就是達到忘我，把自己都忘掉，所以在這種靜的情況下，才能達到心靜，真正的心靜，只有心靜了以後，你的神經系統才可以達到這一種調節。再一個靜是肢體上靜，全體一動無有不動，一靜無有不靜。就是全身的肌肉關節要靜同時靜，要動都要動。像古代拳論說的「動中有靜，靜中有動」，靜包含著動，動又包含著靜。所以說靜不是死水一潭，而是在為動做準備。

我們練太極拳提倡鬆、空、虛、無。

「鬆」是鬆動，不但鬆筋骨，還要鬆肉。

「空」在唐朝李道子的《授秘歌》，他提出來「全體透空」，身上都得空了。

「虛」是虛靈，是輕靈，也可以說虛是沒有。因為太極拳講陰陽的，陰是虛。

「無」，我們練太極拳不是亂動，無形無象。

太極拳練的是什麼呢？最高境界是靜，心神意氣的靜，極靜。你安靜下來，你身體全鬆開了，有時候我面帶微笑是便於放鬆。拳論有一句話：「由著熟而漸悟懂勁，由懂勁而階及神明。」咱把它分三個層次，著熟是一個最

靜是太極拳的重要理法要領　鐘振山演示

低層次，再往下練就是懂勁，這就是中等層次，到神明就是上層次，就是最高的境界了。

　　太極拳層次已經很清楚，著熟是小學，懂勁是中學，神明是大學。你在小學的層面上，你就不知道中學那些事情，你在中學就不知道大學那些事情。所以你站在這兒說你說不清楚，有的時候就牽扯到學術爭論、學術討論問題。你到了神明階段，什麼叫神明？《黃帝內經》說陰陽是神明之輔，到了這個階段，你就明白了，有陰有陽，對方就弄不了你了，就像我坐著為什麼你推不了我，我能起來呢？就因為我用陰陽了，所以陰陽是神明之輔，到了神明階段。如果沒有懂得陰陽，到不了這個層次，你看的問題還是屬於局部的而不是整體的。

　　過去老前輩們總說，說你練到李亦畬《五字訣》，這

武功你要練上了身，就七成功夫成了。當時很不明白，練了一段以後，因為比較年輕，心裡想著這個問題，再次問老師，問師傅，說我多長時間練成，師傅的語言很簡單，說你把武功練上身就行了。

練太極拳就是把太極理法的心知轉換為身知的過程　姚繼祖演示

什麼是練上身？就是要由「心知」轉換為「身知」，身知了才是懂勁。我才明白了，「身知」就是七成功夫的一個起點，它講究的是一身具備《五字訣》，你把這五種功夫，一曰心靜，二曰身靈，三曰氣斂，四曰勁整，五曰神聚，都要練上身，由心知達到的身知，身體知道，練上身以後，你的功夫就七成了。

其實作為太極拳本身來講，慢是一種運動的表現形式，它也是可以快打的，速度也是很快的。只不過現在在這方面傳的人不太多而已，或者不明就裡，只是從緩慢這個角度去體現太極拳，這是其一。

其二是太極拳以靜制動，它把快的速度隱藏在慢的裡面了，它隨時都可以變化出相當的勁力、速度。練過推手

太極拳慢中寓快　鐘振山演示技擊

的人都有這種情況，明白其中的道理。它的感覺是相當靈敏的，它慢是為了更好地消化，將快速的動作經過慢的演練，對於氣血的流通，勁力的貫穿，運勁如抽絲等等這些方面，對要領能更好地進行體悟和上身。

　　練習太極拳要領很多，這裡我強調一個重要的方面，就是膝蓋的問題。大家在練習的時候，對這問題要高度重視。人老先老腿，我們練太極拳的目的，首先把我們腿部的力量加大，增加腿部的力量。我們現在練拳先練樁，練樁這是很重要的。

　　太極是活步樁，每個動作都是樁，所以我們把腿部的動作做好。要領要正確，不要把關節練壞了，在練習的時候，一定要注重膝、腿、腳之間的關係。

　　有的人練拳有膝蓋疼的情況。膝蓋疼的主要原因就是

膝蓋對腳尖，勁力順達

膝蓋沒對著腳尖。練拳中由於時間比較長了，承受身體重量等原因，出現大腿外側、小腿有些酸疼是正常的，而不應該是膝蓋疼，如果膝蓋範圍有問題的話，一定是練功不得法，出現了偏差，所以這個應該注意。正確的方法就是膝蓋對著腳尖，不出現腳脖子擰、膝蓋擰的狀態。

＜7＞

太極拳練意的奧秘

在傳統太極拳的理論中，意是一個被反覆強調的要領，如「意氣君來骨肉臣」「用意不用力」。用意成了太極拳區別於其他運動的一個重要標誌，用意使得太極拳的內涵更加豐富。太極拳的健身與技擊效果也與用意關係密切。

那麼，什麼是太極拳的意，它在太極拳中的作用是什麼呢？

余功保

在中國的太極拳當中，練意是一個非常關鍵性的問題。說它關鍵，主要是從兩個方面來考慮的。

第一，意被認為是太極拳當中一個非常核心的問題，可以說沒有意，太極拳的練習就失去了它固有的特色。在傳統的拳論當中非常強調練意，把它擺在了一個非常高的高度。比如說，講究「意氣君來骨肉臣」，把意比作君主、主宰。比如說還強調用意不用力，太極拳講究練習，你的動作、你的外形要服從於意念的運轉調度。

在練習過程當中，要用意識來引導，所以叫做「用意不用力」。如果沒有意念的參與，太極拳可以說它就剩下肢體性的時間、空間的運動了，很多人就把這種方式叫做「太極操」，有沒有這種意念的參與就是衡量太極拳有沒有內涵的一個標準。

另一方面，因為意是一種看不見摸不著的東西，歷來對意的解釋也有很多種，所以，大家在理解太極拳的練意當中產生了很多的說法，也有各自的理解。正因為這種原因，也有很多人在練意當中產生很多歧解，甚至走入歧

練意賦予了太極拳很深的內涵

途。所以，準確、客觀、科學地把握太極拳的練意，是練好太極拳、科學習練太極拳一個非常重要的問題。

太極拳中的意是基於人體生命的物質基礎上的一種思維活動，但是它不同於一般的邏輯思維的方式，它是一種特殊的精神境界、精神狀態，它可以是專注性的。比如說專注於某一個目標；也可以是發散性的，比如說它是一

透過意的鍛鍊，增強人體生命能量
汪永泉演示

種空虛的精神的狀態。這種意是不能夠脫離人體生命的物質基礎而存在的，但是這種意的有效的調動，可以產生很大的能量，它可以將人體內外的生命潛能發揮到一種很大的程度。太極拳當中意的鍛鍊，就是來淨化、增強人體生命的這種能量。

《太極拳論》說先有意動而後有行動。太極拳的任何動作都是在意念支配下的運動，在意的綜合調配下，人體的四肢、呼吸、行氣等內外各種因素協調運轉，形成了意、氣、形合一的動態平衡。

余功保

太極拳的鍛鍊究竟要不要意念呢？這個好像不是一個問題，因為太極拳都講究意念，各個流派都講，《太極拳》論當中也有很多關於意念的論述，但是有的人懂，有的人不懂，人云亦云而已。

其實，這個事情也遠沒有那麼簡單，因為有些拳家認為，運用意念就是不要意念，要虛、要空，要去掉任何的意識的因素，這樣太極拳才能進入到一種靜的境界，只有靜了，生命的本源、生命的內在的能量才能激發出來，才能夠由拳式的鍛鍊，來達到身體內外的高度統一、協調合一。所以，研究意念是一個很深的學術問題，大家對意念的不同的說法，實際上反映了對意念不同層次、不同層面的理解。

阮紀正

對於太極拳的意，各種解釋都有，它有很多個層次。據我理解的意應該把它簡單化。它主要是兩個方面：

一個是操作上來講，叫意識引導動作，就是動作的目的指向要清晰，動作運行的路線要清晰，哪裡發力，力量由哪裡傳遞，這個走向要清晰，這就叫意念指導動作。

第二個，就是最後追求那個目的歸宿要清晰，歸宿是要返璞歸真，歸根復靜，歸宿，最後追求那個目標，這個意念要清晰。操作過程，運行方式、力量配置、力量運行、操作方法要清晰，我想主要應該是這兩個方面，弄得太複雜反而弄得不知所云。

沒有意的練拳是散漫的，是無神的，因此練意是太極拳的靈魂。楊澄甫在其《太極拳十要》中專門論述用意不用力的精妙之處。「若不用力而用意，意之所至，氣即至焉。如是氣血流注，日日貫輸，周流全身，無時停滯。久久練習，則得真正內勁。」即《太極拳論》中所云「極柔軟，然後極堅剛也」。

阮紀正

太極拳的練意，它強調的不是外在的那個動作，更多強調出自自身內部成分。其實整個中國文化，特別是宋明理學，注重的是心性修養的功夫。

宋明理學是心性修養往內走的，所以它用意不用力，

太極拳的理論基礎是宋明理學的性命雙修。特別是關於心性的訓練，對太極拳影響比較大。

因為按照宋明理學的觀點，人的所有行為都跟你的人性發揮是有關的。要怎麼樣安頓你的心，要怎麼樣修性，這是處身立世的基礎，也是太極拳的基本含義。因為王宗岳是個儒生，它在那兒當一個教書先生，當時主導思想是宋明理學，所以你要理解他的拳論，從宋明理學入手，我想還是應該有道理的。中國文化心性修養的特點，在太極拳中得到了充分的發揮。

當然，一個人心性的修養是要和社會的整體規範相適應的，不能脫離社會環境。如果你過於執著於自身的感覺，把外在社會規範全取消，一個人內心他愛怎麼想怎麼想，這個東西就走偏差了。

太極拳的意體現中國文化的心性修養　董茉莉演示

郝宏偉

太極拳開宗明義就是用意的。特別是技擊上，用意來訓練，是一個重要方法。比如《太極拳體用全書》中，楊澄甫就講解了很多用意訓練技擊的話，如：假設對方用右拳打我，我以左拳沾其肘，以拳由腰而出，敵必跌出。假設性訓練，就是你要用意。

如果你摸不著對方的勁，你也用不了力，你是以假設來支配你的手，用意但是你用不上力。訓練的功夫到了，在實戰中，意到則氣到，氣到則力到。

馬偉煥

還有一個意思，用意不用力是個反應問題，在自由搏擊別人打了你，你還不知道是什麼事兒，還沒有那個反

馬偉煥太極拳勢

應。所以現在手要快，但是手再怎麼快法，快不過你的意，所以意一到我的手就跟著到了。最重要是啟發了你那個智慧，用那個意。

太極拳的意也體現了練拳的境界，它賦予拳術動作以生命力，使每個單獨的動作連續起來構成了一個具有活力的大的系統，也就把整個人體練得更具生機。太極拳的意在其整個架構中舉足輕重，那麼如何練意呢？

阮紀正

作為一個個人內心修養這點來講，它有它的合理性，但用在技術上，我更看重除了心性修養那個追求目標，更注意它怎麼用意念指導動作，也就是力點的配置和運行的方法。

意念指導動作的運行方式是練意的重要內容　齊一演示

比如掤勁怎麼走，力量就起根於腳發於腿主宰於腰，怎麼由腳而腿而腰，怎麼走的，這裡面意起到了引領的作用。

太極拳中有張三豐觀蛇雀鬥的傳說。看看這個蛇頭，蛇頭是有眼睛的，它要盯著目標的，所以前面一定要有引領，梢節、中節、根節要很分明，分清這三節的功能是什麼？梢節在引領的時候，中節怎麼跟隨它，並且起控制杆的作用，根節怎麼給它逐步的催力，催他過去，要知道力量的配置和運行那種操作方式。任何一種操作要做好，必須力量配置和運行方式要清楚，它才能夠進得去，否則都僅僅是外在模仿。

練意就是練的這種配置和運行方式。

高壯飛

什麼是太極拳的意，我們把它加個「境」字，它有一定的境界。「境」就是一個環境，一個大的環境、一個小的環境。境有一定的介面，這個介面就包括角度、層次這些問題，它是形象思維的一個比較具體的概念，但是我們用練拳的方法來把它練出來。這裡面牽

太極拳的動作有了意念就由外在運動成為了內在的運行　孫德明演示

扯到人體的神經活動、左右腦的活動，還同時牽扯到經絡活動。透過太極拳研究經絡，也是一個方法。

一個關節附近有一個穴位，就是一把鑰匙開一把鎖。比如說我們的腕關節，我們這樣動腕關節是兩個橈尺骨跟腕形成的關節，但是我們想這有一個「陽池」透「大陵」，用陽池找對方，這樣的話太極拳的動作就不是單純的一個動作了，而有意念了。

為什麼有意念呢？你回去可以試驗，用陽池一透大陵，這時候會覺得腹部裡面有一種脹的感覺，這就起到對丹田的鍛鍊作用。所以說，太極拳的內功不是簡單的動作運行，有意念參與。

我們在練拳的各個環節，包括呼吸等都有練意的內容。因為太極拳是一種內功拳，意念的參與是必不可少的。呼吸方法很重要，有的人吸氣時用腹肌來使勁，呼氣用腹肌收縮，他說這是腹肌呼吸，但是這種呼吸，恰恰把你的整個呼吸系統破壞了。因為我們橫膈上下是胸腔和腹腔，我們一鬆腹腔大了，那橫膈就上來了，腹腔下來了，腹腔跟胸腔兩個互相配合，練內功要空其胸實其腹才行。

我們怎麼樣來引導腹部的丹田發揮作用？有幾個地方要注意。一個是外勞宮，我的外勞宮覺得一熱的話，丹田就有一個這樣的感覺，即陽池透大陵的感覺，有一個收縮的感覺。

我們認為這種整合作用，應該是氣的運化，而不是說單純腹肌的動作會造成什麼。假如說我們這麼動的腹肌沒有感覺，陽池透大陵，這腹部就脹一點，勞宮有一個擴散

作用，這就大一點，把感覺擴大。我們在這裡頭，這手攔他到身上以後，我們的從外勞宮一擴散到全身，腹部一擴散，這時候產生丹田裡面的旋轉作用。

還是說「攬雀尾」這個動作。這手是常伸的，伸了以後你的眼神應該出去，再動眼神跟身體腳底下是一致呼應的。往回拿手的時候，我們用小指，小指從這兒到神門，神門恰恰是什麼？管這個腳，這個腳就動了，腳一動身體回來了。然後拿下來，通過外勞宮，這腰胯就下去了，完了翻轉時候，通過外勞宮，外勞宮一托這手就起來了。它就整個代表下肢，下肢的動作要聽上肢來支配，下肢的動作再支持上肢，再給上肢一定的力量。大體情況下，人體肌肉上半身、下半身是兩種，上面叫曲線肌，曲線肌是什麼，就是你大腦支配動作的肌肉。

比如說我想拿這個，腿底下肌肉叫緊張肌，它本身總是處於相對緊張狀態，要支撐你全身，它基本差不多是自動的，而且下邊的緊張肌有一點特別好，它反應回來讓你大腦循環好，另外一個讓腦細胞活躍。這樣的話，我們用曲線肌跟緊張肌去結合，上下相隨人難進。

怎麼隨法？它不是說我

太極拳上下相隨　高壯飛演示

上下動，底下動，那不全面，而是要相隨。「隨」是什麼呢？相隨是上邊隨下邊，下邊隨上邊，互相的關係形成一整力，這也屬於氣運身的關係，但這個「隨」必須要有一定的部位加經絡。

太極拳的練意方式有多種，常見的如意守，即意念集中於某一身體部位，或某一具體形象，甚至某一概念。冥想，即想像某種景象，某種感覺，引導身體去融合、適應、體察這種想像。引導，即意念引導身體的空間運行。無論是哪種形式的練意，應該處處時時存在。

武禹襄在拳論中說：「上下前後左右皆然，凡此皆是意。」陳鑫強調說：「打拳心是主，以心為主，五官百骸無不聽命。」這裡的「心」就是意。

喬松茂

「行氣如九曲珠，無微不到」，這就是要求我們在習練拳架的過程，或者搭手的過程當中，在慢的狀態下運作，在「彼不動，己不動」的原則下運行，使得意念貫穿於四肢百骸。

練拳要求「神聚」。它的「五字訣」當中說：「神聚則一氣鼓鑄，練氣歸神，氣勢騰挪。」它不是要求講究神移，它是要像鐳射似的有穿透力的這種感覺，神聚。

喬松茂太極拳勢

修身易，修心難，我們也常聽到一句話，叫做「弄形不弄心，弄心世上無完人」，所以可見修心就是修養，是很難很難的。你的意識到這兒了，你的拳架才會練出那種神態來，意志力、精氣神才能達到完整的統一，太極拳的特殊點就在這兒。在成功的路上最大的阻礙就是自己，所以我說，只有克己才能修成太極拳。

劉建波

　　太極拳最高境界的到達是用體悟，而不是像學數學「1＋1＝2」那麼簡單，它屬於立體、多方位，完全是一種「知覺運動」，這種知覺運動必須花上時間，靜下心來去琢磨，而且經由老師的指點，真正能達到一種從體悟達到一種思想上的飛躍。所有的這些運用實際就是需要運用意念，就是太極拳所說的「練意」，來刺激大腦。

　　武術運動不光是一個單純的身體上的鍛鍊，最主要的是刺激大腦中樞神經，使人們達到一種末梢神經的發達，由末梢神經的感應，反過來刺激身體發達的機能和各個方面的免疫功能，抵禦外來的

劉建波太極拳勢

疾病和污染。

練意還要正確處理好意、勁之間的關係，勁為有形，意為無形。拳論說「勁斷意不斷」，因為意不斷，所以表面看起來斷了的勁其實也沒有斷。

徐憶中

所謂意你是看不見的，心你也看不見，腦、思想就是意。以心運氣，以氣運身，一個動作做好了以後，我們有很多動作，基本要求虛靈頂勁，雙目平視，舌抵上齶，沉肩墜肘，含胸拔背，氣沉丹田，這一套基本東西都是在意的貫穿下實現。學太極拳的先要自己搞會，關鍵在於正確運用意念。

無極樁，沒有分陰陽，一分開就有了氣，分開就是用意來引導。用意導引氣，意到丹田，氣就到丹田，意到手指，氣就到手指。這樣講講容易，實現起來還是要下功夫。身體鬆了以後，意到氣到，氣到勁到，意在氣先，意氣勁，一貫的，好像彈簧，全身都要鬆了。如果沒有放鬆，像鋼鐵一樣怎麼都沒用。

徐憶中太極拳勢

在拳式練習中運用意念的具體方法有很多種，有的是在動作中突出技擊意識，有的是在練拳中意念尋經而行，即按照一定的經絡路線或者穴位進行意念的活動，還有的是用意念引導一定的動作要領，調節身體符合太極狀態。

高壯飛

　　太極拳用意念來鍛鍊穴位是一種獨特的方法，我的老師王培生就教導過我們，我自己也有一些體會。我覺得如果掌握好了太極拳意、氣的穴位鍛鍊法，對於體會太極內功是很有幫助的。

　　舉個例子，「肩井」跟「湧泉」的關係，在太極拳裡面是非常重要的。肩井穴跟你的湧泉穴是個垂直關係，它是一個重力線，是跟地心垂直的。人是跟地心垂直的，所以身體動作就非常自由。假如說肩井穴沒有跟湧泉穴合，我一動作以後，它搖晃。你可以扶著我這胯，我肩井穴到了湧泉穴了，我一動以後你看，它形成了一個轉勁。假如我肩井穴沒有跟湧泉穴合上，動起來就會搖搖擺擺。怎麼合？關鍵

用意使身體穴位相合　高壯飛演示

還是意念。

是用意念想，從肩井到湧泉的合是個意念過程。想什麼？就是想你跟地心的吸力結合了，因為地心吸力它不是一個死的東西，但是你必須垂直，這是太極拳的身法。我們拿一個東西，垂直是它的自然狀態，所以人在練拳中，從肩井到湧泉，它是一個自然垂直的，你扶著我以後，我很自然垂直了。

我們的太極拳是在你垂直的基礎上耍起來，所以我們盤架子時，應該要求肩井通湧泉，怎麼走肩井也跟湧泉是垂直的。這個過程要由意念來實現，為什麼呢？它不可能用力量來垂直，只能用意念來垂直。

意念垂直還有個特點，就是不管你身體外形怎麼變化，它都是垂直狀態。動作外形起來是垂直，下來還是垂直，到這兒還是垂直，彎曲也還是垂直。所以這個意念一會兒不能丟，始終要保持著一個肩井跟湧泉垂直的意念。所以，我們說太極拳的力量要有屈伸，要有動作，要有骨骼，要有關節，要有肌肉，要有韌帶，這是硬體。但是軟體也必須要有，軟體就是練意。

在太極拳中練意和練氣都是非常重要的內練因素，意和氣也互相關聯、互相影響，在很多拳家的論述中也往往相提並論。

阮紀正

精氣神也好，意氣勁也好，都是人體的一些活動，本

質上是同一回事兒，但是不同層次，它都是一個功能性的概念，它不是一個物質性概念。現在我們受了西方科學文化的影響，把氣看成是一個物質性的概念，恐怕是弄錯了，因為它是完全不同的。因為意氣勁，或者講精氣神同一個東西，但是在不同層面上進行了分析，神是最高層，氣更多著眼於運行方式的那種機制、力量配置，意更多是運行方式背後那種主觀意圖。

高壯飛

意念是承前啟後的。我什麼時候要到什麼地方去，到了那點以後達到什麼作用，我再回到什麼地方來，這種過程是有呼應的。

比如說我做一個拳勢動作，我動作以後，它有一個弧形的，或者說垂直的，或者是直立的、或者是前伸的、或者是下紮的這樣的情況，在我們的多層次、多角度的變化中始終有一種整體性的感覺在裡面，這也是用氣運化出來的，氣必須有意。意跟氣它做什麼？是由經絡過來的，形成了肌肉骨骼的動作，那就是最後形成的勁，形成的力。

太極拳的意念運用是有規律的，最重要的規律是自然，不能過於執著和死板僵硬，如果意念過重還可能帶來副作用。

李斌

太極拳的秘訣是有一個氣和意的結合。但是我在教太

李斌太極拳勢

極拳時,剛開始就說不要把這個搞得過重。按照大家理論說,它的血液循環包括氣力調整是經過外力去調整,它自然就會有引導。

　　剛開始一定要想著這個氣怎麼走的話,如果心重了,過了,往往會得不到,不但失去,有可能還會走向歧途。只要你動作做標準了,做到位了,此時要這個意想到了,氣和力自然就很結合了,這個標準非常重要。所以說為什麼傳統武術要有人去指導,要有傳統的東西和資料,要有文獻還要有口傳身授,這個標準非常重要。

阮紀正

　　陰陽相濟,你講空的東西是個陰,它表現出來是個

陽。佛家講的空的東西在太極拳裡很有影響,但那個空是「妙有真空」而不講完空。「意」是若有若無,無中生有,現在我們理解往往用西方文化理解,就是非此即彼,就把那個界限畫得很死。

中國文化裡面任何東西都是陰陽相吸的,叫有無相生,意念不能太死太重,因為它隨時是變化的。佛家那個空是緣起性空,諸形無常,諸法無我,這個含義,不是什麼東西都沒有的那個含義。就算它處在流變當中,不要執著,不要把它固定化,它不是一個定在,它是一個變幻,是一個生生不已的變幻。老子的從無到有、無中生有、無

太極的意是若有若無,隱顯變化的　李經梧演示

極生太極也是，它是一種變幻，一種狀態的變幻，它不是憑空，是隱顯的變幻。

太極拳強調練意並非是單純孤立的，還要與其他的鍛鍊要素相結合，如練勁練氣等，實現意、氣、勁的完整統一。《十三勢行功心解》中說的「以心行氣，務令沉著，以氣運身，務令順遂」，就闡述了它們之間的關係。

有的拳家認為，太極拳的練意實際上是調動身體的各種因素，在練拳的過程中形成一定的場，這種場是具有著勢和能量，在養生和技擊中發揮著獨特的作用。

高壯飛

還有一個問題就是「場勢」的問題，我在以前出的書中也有談過這個問題。有的人來信說，你說這種身外的東西有點玄。其實你練到了，體會到了就不玄了。

我們拿開車來作比喻。你坐在汽車裡面，你要開動車，車帶著你走，這是一個關係。另外你要看周圍的情況，要讓車走，前邊有障礙物，前邊有河，前面是紅燈，前邊是綠燈，前邊要拐彎，你要根據外界情況來指揮你的車走，讓車帶著你走。

我們練拳道理一樣，比如我這一站，前邊什麼情況我就有一個自己的範圍，在這個範圍內，你有自己對各種情況的一般判斷，包括你自身，你和周圍環境，以及你的對手的情況。這就是用意對場勢進行的基本控制。

開車根據不同情況和前車有一個距離空間，你要是到

高速路的話是100公尺、200公尺的一個範圍，你要到十字路口的話，幾公尺、十幾公尺就行了。所以根據你的速度，根據你的要求，中間的間距就不一樣。練拳的控制範圍也有一個恰當距離，也就是空間範圍，這就涉及到太極拳的場勢分佈。

　　太極拳的場勢範圍實際上就是意念控制的範圍，練意從某種程度上來說就是練這種場勢。我活動大了活動小了都不行，我的動作始終是在這個圈裡。我們形成的圓是無形的，但是有形的身體必須服從無形的圓。

　　就好像汽車是有形的，你必須服從周圍路的環境，你不服從它的話就橫衝直撞了。所以你看我們架子練起來以後，它是有一個無形的場。凡是事物都有場，這個場變成我們的場勢，變成我們的勢能。

　　世界萬物，第一個是物質，沒有物質不行。第二就是能源，電能、熱能、勢能等。第三個是資訊。我們要利用什麼來練習太極拳？要用資訊來規畫運動，他是這

太極拳有一種場勢分佈　　汪永泉演示

樣的資訊，我是這樣的資訊，我結合起來走架是這樣的一個資訊，我的運動是根據我的資訊來做的，那就是說資訊規範運動。

太極拳練意的一個基本方法，也是有效的方法，就是在練習太極拳架和器械套路中，時時把意念貫穿進去，做到用心練拳，使每個拳式動作都包含意念內容，這樣套路的練習具有了神韻，意念也就有了渾厚與靈動。

田秋信

我們說「用心練拳，拳從心發」，有人領會錯了，認為拳從心發，好像從身體正中央，從這個地方發，這個你沒辦法發。拳從心發講的是練意，用意。

我要打「掩手肱捶」，我如何打呢？對面有一假想敵，它是我刻骨的一個仇敵，我用神意來指揮手，這勁出來眼睛都得有殺傷力的。把自己想像成是一隻老虎，應該是好像狼刁住你的虎崽，老虎當時心態是什麼樣的？

陳式太極拳掩手肱錘　　田秋信演示

它完全是用心的，這個心和意領悟不到，你這拳永遠到不了位。那麼你想像的是如何規範如何到位，那是一個階段，不是說不對，到最後應該是用心、用意來領著我的拳走，周身為之一振。我走「撥草尋蛇」，走的時候這好像掛了一片豬肉，一切到頭，一刀兩半。砍對方，一攔，這又一推。行拳處處體現出意，處處感受到意，這拳就有味道了。

　　練拳、練器械都要意念在先。比如練刀，我把一切意念都集中在刀刃上，它的威猛氣勢才能砍出來。比如「劈

陳式太極刀勢　田秋信演示

護心刀　田秋信演示

山探海」，有了意念，這個刀它就有穿透性，沒有穿透性沒有力度，威力就發揮不充分。這刀它不是工具，它不是一個玩具，它應該是戰鬥的武器。

雖然現在是以鍛鍊身體為主，可是我們想練好就應該把太極拳的本意、本質的東西練出來，才能對鍛鍊身體有好處，我們就要把意念做出來。

太極拳械練習有慢有快，全憑心意控制。我說要慢，從容不迫，我說要快，疾風雷霆，既然是武術，就要有氣勢。比如護心刀，就有點兒戰鬥姿態，首先護住自己，我

守我疆。另外，要有張力，要威武，來吧，跟對方戰鬥，這是從神上要出來，神上不出來您空有一個架子不行。進攻的時候，有螺旋攪動，把對方的刀攔截開再出手，對方、對面，我發力點，總有一個假想敵在你這兒，這就是所謂的無人似有人。

久練以後，在實戰當中才可以做到有人似無人，打人如薙草。練功不能光停留在口頭上，我聽到、我看到、我學到、我得到，你沒有做到，那叫知識，屬於技術知識，只是停留在紙張上、文字上，那當然也是好事了。但更主要的，理論重在落實，如何把這理論落實到你的肢體語言上，真正做到了那才能叫本事。

所以我們走刀的時候，就好像一個刃在切割東西，而不是某種為做動作而做動作，動作到位了，卻毫無神可

練拳、練刀要練意　田秋信演示

講，毫無刀的力度可講，這是練意不夠的表現。

所以練拳，練器械，就是一個練意的過程，把意始終放在練習的全過程中。

劉明甫

練拳的關鍵是什麼？意。在人的生理結構來講，意到哪兒氣就到哪兒，意氣協同。這就是說，一切的東西，人的一切的運動，先有意，再有形，再上氣。

你身上痛，什麼原因？因為不通，陰陽不合。如果這個氣通過去了，那就不痛了，所以要用意引導氣通順，意到氣到，意通氣就通。

意領導一切。意是心意，心動體有，心要一動你整個的身體就動。所以練拳不要身體亂動，先把心意練好才是根本。

技擊關鍵也是意，我把意放在你身體，我就可以後發制人，你不動我不動，你一動，我就爆發勁力打你。我要打你哪兒，就把意放在哪兒，我的意在你身體裡面動。有了意，才能真正實現以柔克剛。

練拳練招，一招一式，基本功必須要正確，不偏不倚。你一沾到我這個地方，我就鬆，就是一點兒也不讓你沾到，這樣跟別人推手，你就丟不了，這裡面關鍵就是意。你意不到，你就是無的放矢，你射箭沒靶子，意到了，陰陽就能合一了，不僅打別人能爭取主動，自己的變化也很靈動，變化無窮。因為意是沒有障礙的。

<8>

太極拳勁力的奧秘

太極拳的練習是一個循序漸進的過程，《拳論》說「由著熟而漸悟懂勁」。「懂勁」是衡量是否掌握太極技術特徵的一個重要標準，通常人們的活動勞作使用的叫「力」，在太極拳中肢體收放往復稱為「運勁」。

楊振鐸

我父親楊澄甫專門強調過：「太極拳乃柔中寓剛、綿裡藏針之藝術。」就解析了太極拳勁力的奧秘。「綿裡藏針」的「針」是什麼呢？「針」就說的是勁。總的來說，因為它是武術，武術按照最簡單的解釋就是勁加技巧，必須有勁，然後再有技巧，就是技擊的技巧，不管攻、防都是要技巧的。所以「綿裡藏針」，你外表看綿綿的，這裡面應該是有勁的。

太極拳跟長拳還不太一樣，長拳講的是勁表露於外，外面明顯地看見他發勁。太極拳不是，它講究勁的內含，

太極拳綿裡藏針　楊振鐸演示

勁在裡頭含著。在手型的要求上，就要體現出太極拳勁力的特點。我們的要求是，掌為伸，指為曲，指縫稍離，這樣的太極拳手型就能貫徹綿裡藏針、柔中寓剛的要領。如果不是這樣的手型，練起楊式太極拳很多要領就不合適了。

　　所以現在咱們大部分練太極拳的基本上都是這種手形。這種手形，讓你不會完全用剛勁，同時也很方便手出勁，你如果需要發勁的時候也能很好地變換。

　　從手法來說，它也有要求，這種掌法，是以擊打為主的。還有一個是比較正一點，不是那麼斜，正的是以推為主。但這個不打，就是推，往前推。

　　太極拳中還有平掌、俯掌等各種手型，每種手型都有它的作用，既好看，也好用，結合各個拳勢，就能很好地發揮出實際的效能。

　　所以，要把握太極拳的勁力特點，從最基本的手型入手，就容易體會到它們的精妙，手上有東西，拳裡面才能

太極拳獨特的手型　楊振鐸演示

有東西。

馮志強

太極拳怎麼避免練成「太極操」，就是要有太極內功，有太極勁。我們認為混元勁就是太極勁，其他太極拳叫太極勁，我們叫混元勁。

在個人單獨練習時，它是一種在人體內活潑圓轉、隨意念流動的能量流；在對練時，它是一種捨己從人、虛至虛靈、剛柔並存、四兩撥千斤的內功功法。

從養生上看，它是一種出入於丹田、藏於皮下、循經走絡、可運於八方的能量流；從技擊上講看，它是一種綿裡藏針、以柔克剛、力發一點、點點透骨的內勁，是內在的能量。它的實質是由混元功法、拳法修煉出來的一種內

太極勁就是混元勁　馮志強演示

功勁法，技擊上用起來就是「四兩撥千斤」。

混元勁要靠站樁功、混元功、纏絲功、放鬆功及拳法單式的長期練習來得到，要在養生中求得，要在行住坐臥都練功的過程中得到。在另一層意義上，太極勁也是化勁，由單式就可以練出化勁，這種練法就是「轉」，即螺旋纏繞。

剛柔之道，有無相生　馮志強演示

太極勁還包括八法勁等技術層面的勁。所以推手可以體驗太極勁。因為八法從方位上看就是四正四隅，其實就是一個圓，所以八法勁都須從「圓」上找，這就是混元太極拳所說的「圓活」。離開了「圓活」，八法就沒有意義，就是外家的擒拿格鬥、跌打摔拿、角力拼命，而非關學理。

太極拳是學問、有學理，是智慧、是大道，必要用心去修煉、體驗。所以王宗岳《太極拳論》說過一段話：「斯技旁門甚多，雖勢有區別，概不外壯欺弱、慢讓快耳。有力打無力、手慢讓手快，是皆先天自然之能，非關學力而有為也。查『四兩撥千斤』句，顯非力勝；觀耄耋禦眾之形，快何能為？」說的就是這個意思。

另一方面，練拳練功都要「鬆柔」著練。只要圍繞「鬆柔圓活」，一切就都有了。練拳為什麼要養？養就是「合太極」。養的目的就是陰陽調和、氣血兩旺、五行和順、天人合一，這不就是合太極麼？技擊的「合太極」與養生類似，技擊要達到陰陽無偏、我順人背、四兩撥千斤的目的，也是「合太極」後的效果。所謂「陰陽無偏稱妙手」「我順人背謂之沾」都是合太極。

之所以說要鬆柔著去練，是因為「柔到剛自成」，柔勁是有為之勁，剛勁是無為之勁。剛勁的無為是指無意識之為。這種下意識的剛勁是不能由有意識的剛勁和積累疊加的，它只能由有意識的柔勁練出來。所以，柔勁是外在的、常態的，剛勁是內在的、瞬間的、靈活的、裏在柔勁之中的，如同「水到渠成」一樣。從有為到無為是符合老子道家的「萬物順乎自然」的學理的。

古代太極拳家將太極拳的勁加以總結，達數十種之多，但最基本最常見也是最核心的就是八種勁，即「掤、捋、擠、按、採、挒、肘、靠」。這八種勁也被稱為太極八法，它也是太極推手最重要的技術要領。

劉建波

太極拳一般講基本勁，但更全面地說，太極拳要講十三式，就是「掤、捋、擠、按、採、挒、肘、靠，前進、後退、左顧、右盼、中定」。

簡單地講，「掤、捋、擠、按、採、挒、肘、靠」，

就是打輪。太極拳搭手就講「掤」，「掤」就是永遠不丟。「肘」和「靠」是連帶作用的，唯獨「肘」和「靠」是分著用的。這個「掤、捋、擠、按」是混合勁，「掤」「擠」和「按」幾乎是同時用的，「掤」中有「擠」、有「按」。「捋、採、挒」是同時用

太極拳的勁法都是混合運用
劉建波演示

的。太極拳打的就是混合勁，「掤」「擠」「按」不分，「捋」「採」「挒」不分。掤勁、擠勁和按勁不分。

太極拳的勁力運用還要跟身法相配合。身法有一個五行講究，就是前進、後退，左顧、右盼、中定，在「掤、捋、擠、按、採、挒、肘、靠」中體現這些身法。這些身法本身也包含著勁法，不管是往這邊打還是往那邊打，都帶有左顧和右盼的勁，前進和後退也都在這個「捋、採、挒」當中展現出來。

余功保

「太極八法」在太極拳中有多種含義。它是太極拳推手中的八種方法，也是八種特點的勁法，從更高層次上來講，是八種用意方法、思維方法。它反映了太極拳系統對於外部變化的八種應對方法。

「八法」是一個相互呼應的系統，不應該孤立地把著眼點放在每一種單獨運用上，而更應認真體悟八法之間的相互關係。在傳統拳論中，有人將八法與八卦、五行相對應，就是強調這種系統性。拳論說：「掤按像乾坤，捋擠似離坎。掤勁含剛健，乘龍欲上天。按順坤柔德，從人自不難。捋是剛中柔，顧後更防前。擠乃柔中剛，發勁莫遲緩。知此四正方，不外太極拳。」對於這種思維，不要簡單對應，要深入體會其中的意象關係。

張全亮

太極八法是太極拳技擊術的精華和主要招法。《太極八字歌》曰：「掤、捋、擠、按世間稀，十個藝人九不知，若能輕靈並便捷，沾連黏隨俱無疑。採、挒、肘、靠更出奇，行之不用費心機，果能沾連黏隨字，得其環中不支離。」《太極打手歌》曰：「掤、捋、擠、按須認真，上下相隨人難進，任他巨力來打我，牽動四兩撥千斤，引進落空合即出，沾連黏隨不丟頂。」我們從這兩首歌訣中可以清楚地看出，太極八法在太極拳技擊術中的重要地位。但太極拳流派紛呈，師傳不一，各流派對八法的內涵

張全亮太極拳勢

與外延的認識各有千秋，在理論和體用上也都有自己不同的特點。這就需要我們深入體驗太極八法的內涵和外延以及練用方法等。

　　太極名家王培生老師認為，太極拳和八卦掌一樣，都是以《易》理為拳理的。他在教拳時總是強調「頭頂太極，胸懷八卦，腳踩五行」。他認為，太極拳透過長期緩慢輕柔、細緻入微的拳架練習和經年累月、反覆不停的沾連黏隨、不丟不頂的推手實踐，主要是從知己知彼的層面和捨己從人的高度鍛鍊自身末梢神經，感知對方「動靜之機」的靈敏度，在感知的同時，神形意氣自然與對方陰陽相合。

　　因此，王培生老師所傳的吳式太極八法，在體用上強調八方力圓中走，不凹不凸，不丟頂，一動即變勁，遇力

即合助，一勁一卦象，一運一太極。處處強調天人合一，要求八法之勁，每一勁都要清楚其源於哪個穴位，對應哪個卦象，沖合哪一干支，出現哪種技擊效果，有何健身作用。他認為，八法之勁，全在中正安舒、自然旋轉的運動中順勢而生，進攻化解勿自伸屈，無自主張，不可用力，純任自然，純以意行，純是循客觀規律，合陰助陽，

太極拳整勁是各種陰陽要素高度協調統一的狀態　田秋信演示

陰陽相合，於自然而然中求自然。

　　沒有獨陽進攻或孤陰化解的現象。如同地球繞太陽之運轉，公轉、自轉同時進行，兩儀、四象、八卦自然而生，對這些自然現象只能順勢循規、利用，不能違逆、抗爭、逞強，人和世間一切事物的運動規律都是與天同性的。為人處世是如此，健身抗暴亦無不同。

　　太極拳運勁的方法很多，大的原則都為完整和剛柔，只有完整才能產生巨大威力，只有剛柔相濟才能無堅不摧。《拳論》說：「乾坤剛柔，陰陽並用，不偏不倚，無

過不及。」要實現完整和剛柔，一個核心要領就是要能鬆。

余功保

太極拳的整勁，是勁力系統完整性的體現，是太極勁中各種陰陽元素的高度協調。比如勁力的虛實、動靜、前後等因素的和諧統一。其中的陰陽元素有一對不和諧，就不能形成真正的整勁。所以，要練好整勁，就要對勁力的各種陰陽要素有深入透徹的理解、把握。

李秉慈

太極拳的勁要完整，就要注意勁的運用當中的鬆緊問題，鬆中有緊，緊中有鬆。你千萬注意別到半路才使勁，那樣全身的勁就聚集不起來。你手劈下去，不能始終是緊繃繃的，要會放鬆，鬆著往前，真正放鬆了才能真正緊起來，這個鬆緊是有奧妙的，要注意體會。

太極拳中說的「美人手」，就是這個意思。比如說一個展臂立掌撐劈的

李秉慈太極拳勢

動作,它是屬於陽剛勁的,向下劈,肌肉要保持一定的緊張,劈下來,肩要鬆下來,它是往下沉的,由鬆把勁貫到整個手臂。這些東西是要慢慢練、慢慢體會的,你別完全看外形,更要認識它的內裡。

馮志強

太極勁和其他武術的勁是不同的。一些武術拳種講究力量,講究剛猛,太極拳的勁講究「鬆柔圓活」。做到了鬆柔圓活,才算真正掌握了太極勁。

鬆在外形上就是關節、肌肉、肌腱、筋膜等組織不僵滯,是靜止狀態下的不僵滯,鬆離不開柔。柔就是不硬、不頂,柔也是鬆,是運動狀態下的不僵滯。二者合言之,就是無論靜止或運動中,都要保持不僵硬、不僵滯的狀態。從人體運動形式看,只有弧形、圓形的運動符合這樣的狀態。所以又可以說,鬆柔就是周身一家的混元圈運動,混元圈就是旋

鬆柔一體見圓活　馮志強演示

轉。在旋轉中仍然要保持鬆柔運動，這就是圓活。因為周身十八個小球同時做混元運動時，身體某一部位不達到鬆柔，就會出現外形、氣血、內氣、內勁的運動阻滯現象，這就達不到圓活。

圓活首先要「圓」，指的是外形和內氣在體內弧形或圓形的旋轉運動，「活」是指周身十八個小球做混元運動時與內氣的配合不能有僵滯、不順的地方，這就是鬆柔與圓活的涵義。能做到鬆柔就能在推手中達到「引進落空合即出」的效果。鬆柔勁是「沾連黏隨不丟頂」的勁，鬆和柔是一致的，光柔不鬆氣易滯，光鬆不柔無混元，鬆柔一體出圓活，鬆柔圓活是混元。

在古代拳論中有許多關於內勁的論述，正確理解並把握這些拳論的核心，是掌握太極拳內勁的一個重要途徑。

郝宏偉

古代拳論中論勁的時候講「足欲向前先後錯」，「錯」是什麼？就是兩胯相錯，也用腰，還用膝。練拳要用腰胯勁。這個胯退多少，這個胯就要進多少。這就叫「錯」，「錯胯」比「坐胯」、比實腿轉得快，虛實轉化也快。你收不收胯，那就意味著氣沉不沉丹田。太極拳勁講「力從地借」，就是要會從地上借勁。

太極用手手非手，不是用手，是那一條直線，就是節節貫通的一條直線，這一條直線是要打到對方的正中。通透不通透，就是我們講的中正，就是你的勁能不能透過這

太極用手手非手　郝宏偉演示

個仲介傳到手上去，直線的傳遞，而且這一種直線不能有凸凹處。

　　比如說「摟膝拗步」，現在很多人在打「摟膝拗步」這個勢子的時候，就是連摟帶推。我們不這樣，我們摟就是摟，推就是推，這就叫「二力不爭」。兩力不相爭，你摟就是摟，打就是打，你不要二力相爭，二力相爭勁就會散，你打的是散勁，威力就不大。

　　「二力不爭」才是整勁，我們在摟的過程中，就會借地下這個力量，我們一借這個力量以後，衝上去，這個手並沒有動，而是靠地下借的這個力量打上去，這就是勁的貫穿，一直貫穿上去，打到對方。

　　所以說我們打完這個力了以後，馬上鬆沉下去，然後

摟膝拗步　郝宏偉演示　　　　力從地借　郝宏偉演示

再借地下力再打上去，然後再鬆沉下去再打，所謂的勁的「鬆沉」就是這樣。「力從地借」，《拳論》裡面說「湧泉無力腰不主，力學垂死終無補」，這裡面講得很透徹。「掤」勁就是起了一個貫穿的作用，節節貫穿，走底下然後打到那個通透勁。能不能通到上面去，是這樣的向上生長的一個階段，只有通上去了，這個力你才算借到，如果借不到這個力，你的手上、胳膊上，你的整個身體上就沒有力。

太極拳有明勁、暗勁之分，明勁從外形即可看出，暗勁則由身體感知才能體會。把握暗勁的關鍵就是學會聽勁，聽勁是太極拳勁力訓練中十分重要的一個環節。有的拳家認為聽勁水準的高低，直接決定了太極拳技擊能力的

強弱，它是發勁應對的前提。

吳忍堂

聽勁，實際上是感觸這個勁的功力，如果你不貼身不貼手，根本聽不到東西，就像我在牆這邊你在牆那邊，你能聽出來嗎？所以「聽」包括了幾種含義，首先是耳聽，還有思想的反應和手感觸、體感觸的一種效應。

祝大彤

聽勁是太極運勁的基礎。要深研太極拳藝，以用於推手、技擊，聽勁是最好的學練內功的手段。

「聽勁」的「聽」字，不能從字面理解為用耳聽，而是手的末梢神經在與對方接觸時，感覺其勁力的大小、方向等，故稱聽勁。久練太極拳，手上的觸覺異常敏銳，能感覺到對方肢體的勁力的來路去向，這就是太極拳家的聽勁功夫。

《太極拳論》云：「由著熟而漸悟懂勁，由懂勁而階及神明。」如果將太極拳分為三乘功夫，「著熟」為初乘，「懂

祝大彤演示聽勁功夫

勁」為中乘，「神明」為上乘。修煉太極拳到中乘功夫，也就到達聽勁的境界，即懂勁之後自然懂得聽勁。悟性好的人，練拳不久也可具備聽勁功夫。有了聽勁功夫，則可深研太極拳，一般不會再走彎路。當然，這種聽勁感覺到的勁也不是常人理解的勁或力。

　　那麼，聽勁「聽」到的是什麼勁呢？「聽勁」是太極拳中的術語。其實，聽勁時既不用勁，也不用力。當雙方肢體相接時，修養高深的太極拳家，在接觸點不著勁力。相反，太極拳初學者手上及接觸部位充滿勁和力，還須深研太極拳內功。

　　修煉到中乘功夫階段的拳友，經常要練推手，在雙方推手中熟練掤、捋、擠、按、採、挒、肘、靠，即四正四隅八法，還有左顧、右盼、前進、後退、中定等入門五步十三勢的功夫。從練中退去身上本力，使手上鬆空，提高觸覺神經的敏銳性，從而向高境界修煉。

　　聽勁在太極拳修煉中有什麼益處呢？聽勁是提高拳藝十分重要的修煉方法。在練拳中，要在老師的手上聽勁，感覺老師的手上如何鬆

祝大彤太極拳勢

空，這便是聽勁——只有手放鬆才能敏銳感知對方的勁。
李亦畬宗師在拳經中說：「能從人，手上便有分寸。」只
有「聽」懂明師的勁之後，方能明白什麼是手上的「分
寸」，再讀陳鑫大師的「妙手空空」之語，便可心領神
會，不會再雲裡霧裡。

談到太極拳修煉，我是十分幸運的。我年輕時，北京
的吳圖南、楊禹廷、汪永泉三位太極大師都在拳場以及各
公共場所授拳，筆者經常見到他們，能去練習聽勁，心中
樂不可支。可見，聽勁是一種令人愉快的學習。

太極拳的每個動作都有深刻的內涵，所以要花很長的
時間去潛心研修。太極拳「其根在腳」，往上的踝、膝、
胯、腰、肩、肘、腕、手等九大關節放鬆下來不是易事，
是很難求的拳藝。在學練中，要走近路，最好的方法是聽
老師的勁，練胯聽老師的胯，練腰聽老師的腰，當然，不
是聽幾次勁就可以明白的。

我獲老師首肯，進楊禹廷大師家中學拳，能明白太極
拳，也是得益於聽勁。老恩師讓我從腳到頂，從下到上，
從上往下，前後左右，幾乎是一寸一寸地聽勁，感覺他身
上的陰陽變化，我忽而被拿起時臟腑似將傾倒出來，忽而
被發放時嚇得靈魂出竅。

聽吳圖南大師的勁，拿放在一個點上，不管用力不用
力，摸上便被發打出去。汪永泉大師不喜打人，不管他或走
或立，我無論摸哪個部位，腳下便沒有了根基，飄飄欲起，
六神無主，只有等待發落。在聽勁練習中你能真正瞭解太極
內功，瞭解太極內勁的規律。

太極拳在套路練習和實戰技擊中有許多招法的運用，但空洞的各招法卻沒有顯著的效果，招法必須結合內勁的運作，即將內勁貫穿於招法之中，招法才有活力。

吳忍堂

　　勁力和招法，必須統一。太極拳的內勁，實際上它包括了「勁」「氣」「意」，是這三者的合合交融，這就是練丹田內勁的一個功法，如果沒有這個勁力，就產生不出效應，招法就是虛的。

　　太極拳打的是「哼哈」二字，「哼哈」是什麼？「哼哈」就是趙堡拳裡邊講的力的彈發效應。招法是死的，是機械、呆板的做法，只有將招法和勁力有機結合，才能產生以變應變的適應能力。它兩個是相輔相成的，但是勁力來講比招法還顯得更為重要。

田秋信

　　要能有效地將勁力運用到招法當中，最重要的一點是要弄明白太極的勁

吳忍堂太極拳勢

路。這涉及到太極勁的運用方式方法。

力是勁的基礎，勁是力的昇華。勁屬於力的範疇。從武術來說不同的勁別，主動與被動各自有度乃取勝之本，用力失度乃敗之因。任何形都不能代表勁，勁卻可充實於形內，沒有實質內容的表現形式可稱之為空架子。

勁屬於力的範疇，是有意識的練習逐漸形

打通勁路才能使太極功夫得到
充分發揮　田秋信演示

成和加強使之昇華為本能和下意識。這要有明白老師的科學指導和自身的刻苦練習不斷長進的過程。

勁路是主線，是勁的運行路線。要牢牢抓住這條主線。勁路是綱，綱舉目張，收放自如，勁路打通後其他各種不同技術特點才能得以實現。沒有勁路這個根本，任何所謂技術特點都難以實現。因此，應著力注意這一根本性的技術要求。

看一個人的練習水準，勁路是標誌性的，因此打通了勁路，便能使各種技術要求得到充分發揮。如果勁路不通，說打好太極拳就是一句空話。前人的寶貴經驗要繼承，在繼承的基礎上發展，太極拳才有生命力。

太極拳的內勁，其奧妙在於一個「內」字。要增強內勁，必須要練好內功，與內氣相結合，將先天之本與後天之功有機融合在一起。

翟維傳

　　現在太極拳講究用意不用力，是不用拙力。太極拳不講「力」的概念，力在太極裡頭就是「內勁」。內勁是透過鍛鍊修煉出來的，存在在丹田，修煉出來內勁，那不叫力，那叫勁。力可以沒有，內勁必須得有。功力越好，內勁越充沛。

　　比如說單鞭，從命門往前練功，練到單鞭，單鞭通了，腰勁大得很，腰裡有勁了，再一鬆沉，沉到底，就會很穩，下盤很穩定，上頭才能轉換靈活。要不然你下面還絮不住樁，對方來一個勁，你上邊就沒法應對，沒法比畫，就無法制人。

翟維傳演示太極拳單鞭勢

勁與力的區別在於力是單純的力點和方向，勁則是複合型的力的合成，充滿了變化。其中還包含有精神一面的作用。因此完整理解太極拳的內勁，並有效地加以運用，是一門精深的學問。當然其中也有許多關竅。

張耀忠

我曾經打過20年太極拳，開始的時候不懂什麼太極勁，套路學了很多，老套路、新套路、長套路、短套路、快套路、慢套路、單人練的、兩人對打的，這都是空架子，跟人一搭手，手上沒有東西，人家一扒拉就走掉了。我說我這個人塊兒也不小，腦子也不笨，為什麼我就不行？主要就是沒有掌握這個太極勁。

練太極勁是有竅門的，過去不輕易告訴人，有的人也不太懂。人家沒有告訴你，你怎麼練都不行。我告訴你竅門，你當場試驗就行，懂了就會豁然開朗，立竿見影，以後再打拳跟以前打得就不一樣了。

太極勁算起來有25種勁，常用的是八種勁：「掤、捋、擠、按，採、挒、

太極名家張耀忠

肘、靠」。「掤、擠、肘、靠」是進攻的，「挒、按、採、捋」是化解的。「捋」是破「掤」的，「按」是破「擠」的，「採」是破「肘」的，「挒」是破「靠」的。

　　「挒」還有上挒、下挒、橫挒手。但這裡面主要的是「掤勁」，「掤勁」貫穿在太極拳的始終，也貫穿在八法當中，每個動作都有掤勁。

太極拳挒勁很關鍵　張全亮演示

　　這個掤勁是個什麼勁呢？有人說掤勁如水，既能載舟也能覆舟。具體到咱們身上，具體到手背上，就具有六面性，我這手伸出去，碰到我哪一面都有掤勁，你碰到上面也有，你碰到下面也有，碰到外面也有，碰到裡面也有，上下前後左右六面都有。就是你伸手有東西，才能威脅對方。

　　這個勁怎麼樣找？一般我們都是打拳裡面一招一式地找出來。當然需要有師傅指點了，苦練三年不如名師一點，沒有師傅指點你打一輩子拳也不一定能找著。

　　我這裡可以告訴大家一些共性的東西，告訴你最省

心、最省力的竅門，讓你能把太極勁練出來。什麼竅門？
就是反向思維，把你的思想轉變一下，來個180°的轉彎。
太極拳是練反常的，太極拳要學習的東西是超過一般常識
範圍以外的東西。老子說：「反者道之動，弱者道之用，
無為而無所不為。」要體會動作意念上的「反動」，深刻
理解「物極必反」的道理。

我舉一個簡單的例子，看你能不能進入這個思想軌道
了。比如平常年輕人喜歡掰手腕，都是在手上使勁、較
勁。太極拳跟這恰恰相反，和人家握上右手以後，握上就
握上了，不想它了，他是想這隻左手，空著的這隻手，想
空著的這隻手，悄悄地、秘密地那隻無形的手在握手。結
果這隻手就產生對方掰不動的力勁了，想左手，作用到右
手，實際上是作用到全身，全身的整勁作用到右手，不單

太極拳體現「反者道之功」的道理　周世勤演示太極劍

純是一隻右手的事情。你們可以試一試，看是不是這麼回事，這就是反向思維。

　　太極拳是用哪隻手不想哪隻手，如果你用哪隻手想哪隻手那叫雙重。「每見數年純功，不能運化者，雙重之病未悟爾」。哪個地方掤上，就用哪個地方較勁，這根本不是太極拳，那是門外漢。你必須想著相反的方向。

張耀忠講解金雞獨立

　　太極拳在用腳的時候，你蹬右腳就不能想右腳，踢右腿就不能想右腿。蹬右腳要想左腳，左腳蹬地右腳踢，右腳蹬地你左腳踢，意念都是反向的。金雞獨立要提膝頂襠，哪條腿提膝你就不要想哪條腿，想提膝就不行了，想左腳蹬地右膝提，右腳蹬地左膝提，這才能蹬出橫勁來。

　　用右手你想左手，用左手你想右手，或者用右手想左腳，用左手想右腳，或者用右腳想左手。下腳蹬上手撐開手掌，腳在底下蹬，撐開的中指想無限遠，想著後手。動哪隻手不想哪隻手，動哪隻腳不想哪隻腳，用哪隻手不想哪隻手，用哪隻腳不想哪隻腳，全是反的。

　　「拳、掌、鉤、腳」是太極拳的幾大方法，往往綜合

應用，都要互相配合。
比如「鈎」，分左鈎、
右鈎、雙鈎，用鈎的時
候想另外一隻手的掌，
用掌的時候想另外一隻
手的鈎。左手鈎右手掌
的時候，你看著前面的
掌，你想這後手鈎，這
前面掌就推人。用肘不
想肘，想著找肩頸，或
者後肘找前肘，但就是
不想前面這個肘，就是
跟平常人想的是相反
的。所以，你要把這個
思想給扭過來，扭轉
了，你就進入太極道、
太極門了。這種思維方
法用於任何一個太極拳
勢。

太極拳單鞭的掌鈎關係
翁福麒演示

比如「閃通背」，
前手推人，別想這只
手，想後手打人，這叫
空手打人。太極拳跟平
常人想的都是反的。

我看有人寫文章，

太極拳勢閃通背　劉偉演示

教練雲手，說悟性高的三個月就有氣感，半年就會怎樣。其實，我告訴你方法，你馬上就出功夫。

　　這雲手走的是三道圈，「手腳圈、肘膝圈、肩胯圈」，三道圈中都有氣的中心圈。「手腳圈」是這麼走的，右手從下向上、向右走的時候，跟左腳的腳後跟相呼應、相照應。再繼續向右弧形走，依次對應就是腳的外側，腳的小趾趾甲蓋，繼續走就是腳的大趾趾甲蓋，上面右手一翻手就走右腳的腳大趾、腳小趾、腳外側、腳後跟。你只要這麼一練、這麼一走，你那手上就不是空的了，就有東西了。這是「手腳圈」，左右都是一樣的。

　　「肘膝圈」，我下邊的手摸左邊的膝蓋，左邊膝蓋躲我這個手，我要摸著右邊的膝蓋，右邊的膝蓋應接我這手。「肩胯圈」，右肩找左胯，這邊是左肩找右胯，這是「肩胯圈」。如果你要掌握了竅門，當時你就可以出功夫。

　　三道氣的中心圈，就是大圈裡邊有氣圈。比如摟膝拗步，也是著落腳步，先找胯再找膝後找

雲手三道圈　王培生演示

摟膝拗步　張全亮演示　　　　　野馬分鬃　張全亮演示

腳，這也是三道。也可以這麼走，手腳先走，手腳先呼
應，然後手膝相和，肩胯相和，也是三道。再比如野馬分
鬃，手找肩，肩找手，肘開，手開。其中圈中都有氣。

　　有人練拳站樁，有的站三年樁，有的站八年樁，有的
參禪打坐，這都是練太極內功的方法。實際上太極拳是一
步一個樁，什麼樁呢？中定樁。比如抱七星，就是一個
樁。你把動作調整到別人推你推不動的時候，這就是個樁
了。每個動作，從頭頂到腳這就是個樁，不管弓步也好，
坐步也好，一步一個樁，就從打拳裡邊站樁。像我們練
「抱七星」，開始是左手在上，右手在下這麼抱，站了一
段時間後，左腳一扣，右腳一擺，又換成右手在上，左手
在下，這架子擺了半天再倒過來，這就是樁。可以不斷變

化，如果人家來推你了，你能夠應變才行，叫中定。中定不是不變，是能應變，說起腳踢就踢，說蹬就蹬，這就是太極樁的訣竅。

樁的關鍵在哪兒呢？就在兩個腰子，像我左腿是實腿，我左邊那個腰子是軸，窗上有個軸，門上也有一個軸，荷葉那個

張耀忠講解抱七星

軸，那就是中軸。你想怎麼動都可以，站上這個樁勒住這個腰子，變化就靈活穩定了。

所以，打拳跟站樁是一碼事，打拳跟參禪打坐也是一碼事，拳禪如一。為什麼叫拳禪如一呢？我站這個樁，我就想一，不想二，又省心還能出功夫。這個竅門在什麼地方呢？你就把意念擱在你實腿大腿後邊正中央的一點兒，你擱到那，你就站穩了。

因為我想的就是一，所以我就省心了，我想了一以後，結果我這勁出來了，我也就省力了。省心省力的結果是什麼？省的是精氣神，養生養的就是精氣神，這就實現了練拳的根本。你要不懂的話，你就會盲目地亂動，就會耗散精氣神，就會打拳虧本。

　　比如「摟膝拗步」，你的手推到一定程度的時候，如果你還往前推，完了，那叫自己害自己，那叫貪功，叫傷氣。重心到了，馬上轉到左手了，不能再想右手了，轉移到左手以後，這個右手才能出功夫，這也不耗散自己的精氣神，推了別人了也不耗散自己的精氣神，不耗散自己的生命能源，這就叫養生。

　　所以，在練的時候想一，不想二，在一個時空點裡面想一，不想二，很省心。得一則萬事畢，以一變帶萬變，以不變應萬變。就意念想一，每一個姿勢意念就想一。

　　重心換到左腿以後就想左耳尖，練習拳架和推手都是一樣。推手的時候你就把意念放在左耳勺上，左手是支撐點，不管我怎麼進手你就想你左耳。太極拳中意念是一個感應點，也是一種結構，意念放對了，整個身體的勁力的

張耀忠與老師王培生

結構就對了。

　　練拳意念要專一，道家叫「專一」，佛家叫「不二」。「專一、不二」都是想「一」，別的什麼都不想。跟人家搭上手以後，有人當作沒有人。

　　外因是由內因起作用的，我只聽著你的內因還不行，為什麼不行呢？因為思想還沒有真正安靜，思想必須完全靜下來，如入無人之地，思想安靜得一點雜念都沒有。人腦子裡面有腦電波，分四個波段，一個波段是高度的興奮，一個是深度睡眠，推都推不醒，一個是平常嘮嗑、聊天，再一個就是睜著眼睡覺，白日做夢，叫α波段，就是老子說的「惚兮恍兮，其中有象」、「渺渺冥冥，其中有物」，進入「恍恍惚惚、渺渺冥冥、糊糊模模」那個波段，手上才出功夫。如果你很機靈，但氣很浮躁，那樣是不行的，非得靜下來不可，你得進入那個意境，我認為機靈鬼學不到東西。如果你是聰明人但像傻子，我就知道「一」，第二我就不知道，那就行，這是大智若愚。

練太極進入渺渺冥冥、其中有物的境界　王培生演示

　　練太極拳有兩句話，

不好聽但好用，一句是「好人學殘廢」，這個手不是我的，要能「捨」，能「從人」。另一句是「活人學死人」，「死人」是什麼意思呢？死人是對外界的干擾沒有反應，我的手去是外界干擾，如果你一注意我去的時候，那不行，不管你來手不來手我都沒有反應才行。我就想我的「一」才行，傻乎乎的，但進入了「空靈」境界。就像武術家萬籟聲所言，太極拳練到頂頭愚才能成功，大智若愚，這是一種高智慧。

太極拳的步子，一定要一步到位。腿的前邊、後邊、左邊、右邊都有要求，你能做到一條就行了。像弓步，前面的要求，一般是鼻尖、膝蓋尖、腳大趾尖上下垂直。你的膝蓋尖向前，與你的腳趾甲蓋齊，這是前邊。後邊，就是大腿後邊，正中的一點，你守住那一點，手上就出東西了。外邊，你的胯落到腳踝外側，裡面，從內踝往上抽，抽到大腿跟，到了腰裡就行了。中間是擺出一個湧泉垂直，湧泉垂直以後這手上就有東西了。好比咱們這個手，大拇指很好使，食指也好使，中指也好使，小指也好使，唯獨這

鬆胯靜氣　王培生演示

個無名指不好使，沒勁，但是你要百會跟湧泉垂直以後，無名指的勁就很大，你不能什麼都想，你想一面就行了。

最簡單的一條：鬆胯。鬆一下胯，手上就來了東西了。我們老師告訴這叫「佛坐蓮台」，就好像我是一個佛，我的屁股坐在蓮花臺上一樣，你想像你坐在蓮花臺上，那個手就來東西了，那一個小指就可以把人扒拉走了。

要深入理解「空手打人」「後手打人」的奧妙，這是太極拳勁力的精髓所在。理解了、體會了這樣的勁力運行方法，就掌握了太極勁力的奧秘。

經絡在太極拳勁力、技擊上也有很重要的作用。舉個例子，上下兩個穴位如何對應運用內勁。

上面一個少澤穴，少澤穴在什麼地方呢？手小指指甲的外側，屬於手太陽小腸經。

下面一個至陰穴，至陰穴在什麼地方呢？小腳趾趾甲蓋的外側，膀胱經的終點和跟腎經交點的地方，少澤這個地方是小腸經跟心經交結的地方。這兩個地方很厲害，在練拳架和推手的時候，只要上下對應上，搭手，聽勁，出勁，一氣呵成。

推手的時候少澤對著至陰，連著一條無形的線，上面一對應，再跟對方一合，就一下子把人給掀起來了，就這麼厲害。比如擺一個「野馬分鬃」動作，左右手上下分開，把少澤、至陰連起來，野馬分鬃的要旨是接打靠，少澤就靠人，產生靠勁，就這麼厲害。如果你要跟人推手的話，一起手少澤就連上了，就把對方的勁給堵上了，他就發揮不出來。

再比如「抱七星」。

第一個要領是什麼？就是意念，用意念來對應，想著把尾巴骨對著後腳跟，腳後跟起來找尾巴根。你按照這麼個勁力結構擺好動作，對方只要一進手，你內勁自然產生，就將他彈出去了。不管他怎麼進手、隨便推你都能應付自如。因為這個意念調整使你形成了一個渾圓的內勁結構。就這麼一點意念，好像尾巴骨跟腳後跟之間有一條像日光燈管一樣，那一條光，就一個意念，就是引導內勁的神奇所在。

第二點，鼻子尖對準腳大趾尖，想腳大趾。外形不動，就用意念去想，不是讓你動作，這是拿人的勁，和對方一搭手，鼻子尖和大腳趾尖一合，就把對方拿起來了。

張耀忠講解太極拳與經絡

第三點，再說一個發人的勁。仍然是外形不動，用意念來走，後手要找前腳，這是發人的。就是空著的這隻手，想要找前面那個腳去，只要一合上，就把我人掀起來了，這是發人的。

　　還有幾種發人的，你想著，你這個大指肚摸一下你這個鼻子尖，勁就出去了。另外一種，你想著前手掌心裡面拿著個蘋果給我吃，往外一送，我就出去了。

　　告訴大家兩句口訣：「先想前腳後想後腳，然後默念後腳後腳。」一搭手就是這個狀態，運勁當中要仔細體會其中的奧妙，做到了，你的功夫就出來了。

　　你打拳的時候，無非是兩腿來回倒騰，就像內丹口訣中說的：「葫蘆橋葫蘆橋，兩個葫蘆來回倒，葫蘆裡邊有

張耀忠進行太極內勁講座　　　　張耀忠太極拳著作

金丹，夫子長生永不老，也不大也不小，天地乾坤都裝了。」我這腿就是兩個葫蘆，是頭朝下倒過來的，腳丫子就是葫蘆把，那小腿就是葫蘆上面比較細的那部分，大腿就是葫蘆大的那一部分。

就這兩個葫蘆來回倒。倒的時候你不要著急，你默念，先想前腳後想後腳，肯定手上就有了。轉化的時候，再想「前腳後腳，後腳後腳。後腳前腳，前腳前腳」，這時候我肯定你這手上有東西。

練拳這一套拳你從頭到尾就這麼打，先想後腳，再想前腳，然後默念前腳前腳，這手上來了。蹬腳怎麼辦？「先想實腳後想虛腳，然後默念虛腳虛腳」，就是這麼打。

這就是法，練拳不出功夫就是不得法，你掌握了這個法以後，你一下都掌握了，就豁然貫通了。像公園裡邊現在打太極拳的，掤、捋、擠、按，我也打了20年，就是不出功夫，後來我知道了，那我就出功夫了。這給了你一把鑰匙，你就可以把太極拳的式子都打開。保證你手上有東西，得一萬事畢。這樣既能健身又能防身，一舉兩得。

<9>

太極拳器械的奧秘

同許多中國武術流派一樣，太極拳也包括拳術和器械兩大套路和練習方法，這些器械一方面豐富了太極拳的技術體系，另一方面拓展了太極拳技法的運用手段，也為廣大群眾的習練提供了多種選擇內容。

太極拳最常見的器械包括劍、刀、大杆、槍、棍等。

劍是武術中最常見的器械，劍的輕靈灑脫正是最大程度地契合了太極拳的要領，透過劍的練習，能夠把太極拳技術以另一種方式淋漓盡致地表現出來，在每一種太極拳流派中，無一例外都有劍術套路，它也是最為普及的太極拳器械種類。太極劍也是太極拳競賽的重要競技內容。

邱慧芳

太極劍的主要手形是劍指，劍指把中指和食指併攏，其餘三指扣在一起，大拇指扣在無名指和小指的第一指節，這個劍指是我們在整個練習太極劍當中的主要手形動作。

太極劍一共有三種握劍方法。一種是立握，注意手指要緊緊握

太極劍指　邱慧芳演示

住劍柄，劍立起來是一種方法；還有一種是反握，反握劍的時候注意，其餘四指緊扣住劍柄，而食指微微地放在劍

盤上，不用太用力量，前臂輕輕反過來，朝外旋；還有一
種握劍是平握，手心朝上。

反握劍　邱慧芳演示

立握劍　邱慧芳演示

平握劍　邱慧芳演示

我們在練習太極劍的時候，劍指起到了一個非常重要的作用。我們在做一些動作的時候，說攔劍，那麼，劍指在它的頭頂上方是一個輔助的作用。有時候眼睛是要隨著劍指來回運動的。所以說，我們在練習的時候，主手是太極劍，握劍的手，那麼副手就是這個劍指，主副是互相呼應的。

太極劍中有幾種主要的劍法，掌握了它們才能不斷變換組合，衍生出豐富的劍招來。

點劍：我們先把劍立起來，立腕，然後輕輕手腕向下沉，劍尖向下打，點劍，力達劍尖上。

刺劍：用劍向前刺出。平刺劍，往前刺出劍的時候，劍與胸平，眼睛目視劍尖，力達劍尖。還有一種是上刺

太極劍左右手要互相呼應　孔祥東演示

劍，向上微微斜刺，劍尖略高一點，為上刺劍，力量在劍尖上。第三種刺劍是向下，為下刺劍，眼睛還要隨著劍走，力達劍尖。不管是平刺劍、上刺劍還是下刺劍，大家要記住，劍在刺的時候不要走弧形，一定要直著出去，往上也要直著出去，往下也要直著出去，力氣達劍尖。

點劍　孔祥東演示

上刺劍　邱慧芳演示

平刺劍　邱慧芳演示　　　　　　　下刺劍　李蓉演示

掃劍：以劍向左右揮擺，掃劍的幅度一定要大，隨著腰身轉動，劍與臂呈直線。在掃劍的過程當中一定要做到

掃劍　孔祥東演示

大於90°。

帶劍：帶劍的時候，要屈臂回帶，以身帶劍，有回抽的動作。

大家要記住，掃劍跟帶劍都是來回擺動的劍法，它有一點區別，掃劍是大幅度地隨著腰身來回擺動，手臂要微微伸直一點，帶劍的時候，雖然也是來回擺動，但是要往回

帶劍　邱慧芳演示

稍帶，在自己的前身的時候要稍稍往回帶一點。屈臂回帶，帶劍要稍稍小於90°，而掃劍要大於90°。

劈劍：做劈劍的時候一定要記住，手臂要立起來，尤其是前臂要抬起來，非常有力量地向下劈出，劍一定要平著劈出，不要手腕很鬆，一定要手臂直著下去，力達劍尖，目視前方。

劈劍　邱慧芳演示

截劍：截劍是向下截劍，在傳統的楊式太極劍裡頭，截劍傳統的說法叫「撥草尋蛇」。下截劍，注意劍的力量是在劍刃上。

截劍　孔祥東演示

捧劍：捧劍是兩手向外分開，然後一起向裡捧起來，像捧一個東西一樣，捧到自己的胸前。注意左手的劍指是放在右手的劍腕上，手心放到它的手背上。

撩劍：撩劍是太極劍當中比較常見的一種劍法，大家在練

捧劍　邱慧芳演示

撩劍　邱慧芳演示

習撩劍的時候一定要記住，撩劍是從下往上這樣撩劍，手心要稍微向外旋一點，撩起來。反撩劍，也是從上往下再往上，撩起來。做這個撩劍的時候要記住，劍一定要貼著你的身體，貼著身體走，成一個立圓，千萬不要兩邊來回晃動。我們在做撩劍動作的時候，它有一些弓步的撩劍，進步，或者是退步的撩劍。

在做撩劍的時候，要注意身法的帶動，注意腰部的向前，劍隨著腰走，隨身走，眼睛是跟著劍來走的。所以大家在做撩劍的時候要注意，不光要做到劍是圓的，身體的轉動也要隨著劍非常協調地移動。

攔劍：攔劍做出去動作的定勢跟截劍稍微有一些相似，但是截劍是平著推出去，而攔劍是要畫一個大弧線，

攔劍　邱慧芳演示　　　　　掛劍　牛春明演示

從身體的下側往上攔起，一邊托一邊攔。做到位置的時候，手腕與頭同高，劍尖微向下斜，力達劍身。攔劍分左右攔劍。

　　掛劍：做掛劍的時候是劍尖朝下，貼著身體由下往上，做左掛劍，還有右掛劍。記住，做掛劍的時候，跟撩劍一樣，腰要隨著動作來回走動，劍身要掛立圓，貼著身體走。

　　抹劍：抹劍的幅度要更小一點，在胸腹之間移動。

　　掃劍、帶劍和抹劍在動作過程當中稍稍有一點相似，所以大家一定要區分開來。掃劍的幅度更大一點，腰的幅度擺動比帶劍的幅度稍小一點，屈臂往回帶；抹劍的時候是稍稍畫一個弧形，以腰為軸帶回來。

抹劍　孔祥東演示

　　太極刀是太極拳的另一種主要器械，刀如猛虎，這種剛與太極拳的柔相結合，其內在的勁力迸發更加沉雄與酣暢。太極刀又分短刀和大刀，太極短刀猛烈中蘊含靈巧，太極大刀氣勢磅礴，勁力順達，練之有重若崩雲、動若江河之感。

田秋信

　　陳式太極刀本身就叫「十三刀」，有十三個特點，它有不同的表現方式。比如閃、劈、剁、崩、轉，劈有正劈有反劈、掄劈，有幾十種劈法，大小不同。但是不管它有任何特點，都有它的表現形式，如果錯一點那就不是純的

陳式太極刀　田秋信演示

一種做法了。因此我們在練的時候，要嚴格認真地要求自
己到位，你不到位，就很難保持原來的風貌。

　　閃：本身就是一種
身法的閃，看對方的來
刀，我得閃才能進，沒
有閃就沒有進。閃是進
攻與防守之間必須要的
東西，我閃我才有可能
進攻。例如砍，我斬，
翻身砍，翻身再砍，這
時候需要坐腕，用刀刃
砍，所以砍需要我們從
上至下，然後完全平
衡，這叫砍。

太極刀身法之閃　田秋信演示

劈：劈本身不是橫刀，而是從上至下掄劈，例如「金雞獨立」，這就是劈。

太極刀法之劈　田秋信演示

剁：有好多名詞它是接近的、互相含有的、不能完全分開的。剁本身和劈和砍非常接近，剁本身有用刀首剁，也可以掄剁、反掄剁。

太極刀法之剁　田秋信演示

崩：從身體中樞向外，這就是一種崩法。比如劍裡邊也有一個，像「金雞獨立」，刀裡頭也是走一個崩。例如說上勢立刀，都屬於崩法。

攔截：例如我們走起掃攔，掃也可以使用攔法。攔要平走平推，要身法跟進，刀和手基本固定不變，用身法推、截、攔。

太極刀法之崩　田秋信演示　　太極刀法之攔　田秋信演示

撩：撩是從下往上，有後撩、有前撩，都屬於撩，由下向上走的是刀刃。

紮：本身是用刀的尖部。刀有刀彩、刀首、刀柄、後手盤、刀身、大背、小背、穴槽、刃、尖。刀紮主要是用刀尖，例如「夜叉探海」，下去，用刀的尖部往前，跨

步，這就屬於紮。特點是基本上雙手和單手從微屈到直伸，力度從刀首一直到刀尖，它是一條線，這是紮。

太極刀法之撩　田秋信演示

太極刀法之紮　田秋信演示

大槍是太極拳的一種重要練功器械,可以有效地鍛鍊勁力。過去的大槍均有槍頭,後來為了方便,有些拳家在練習中去掉了槍頭,成為大杆,但在練習中還依然保留了一些槍法在內。

抖大杆是很多傳統太極拳家練功的必修課,透過抖大杆完整勁力、增強腰腿以及全身的協調性。

郝宏偉

練習太極拳和器械都要能鬆,這是太極拳最核心、最基本的要領。我父親過去教我們練拳的基本功時,曾經讓我們拿著啞鈴練太極拳,這一舉就不能放鬆,不能把這個勁鬆下來,一舉就這樣抬著,就這麼打,不能歇一下,一直打到你的胳膊累得舉不動為止。所以打完了以後,我們累得胳膊抬不起來時候,把啞鈴放下,放下來以後問累不

太極大槍　陳龍驤演示

累，累，好，再打一遍太極拳。

那時候那胳膊就不想舉，好，你打這個拳就是鬆，就是輕，我們是這樣練出來的。這是我們過去一種特別的訓練方式，現在我看沒有這樣練的。

這樣練我覺得對體會鬆是有獨特效果的。你能體會什麼叫輕，這是我們過去的練功方式。再一個就是抖大杆，我們從小就在那兒抖，練拳練了一段時間，把拳打會了以後才抖，十幾歲你有那個力量了你才抖，一直那麼抖下

太極大杆　陳正雷演示

去，練內勁、通透勁。

馬偉煥

現在練抖杆子，第一，你的樁一定要能穩，第二，你的腰一定要鬆，還有要拔背，背一拔你的勁就頃刻出去。這樣一抖，就很有效果，一定要這樣做，這是很基本的。

郝宏偉

你不練太極大杆這個東西，你就不知道什麼叫「力由脊發」。其中有樁功，也有動功。抖杆是有角度的，那個角度一定要起一個剎車作用，往前衝，你一出去，那個杆子往前帶你，你一定要前弓後蹬，一定要把前面的勁紮到地下去。所以說你那個角度起一個剎車片的作用，腳下一定要穩，這對練太極拳下盤功夫長進很快。

棍是中國武術四大器械之一，在太極拳中，棍雖然不是最主要的器械，但也發揮著獨特的作用。在一些太極拳流派如孫式太極拳中，棍的練習仍然是秘傳絕技。

棍的打擊範圍比較大，練習的靈活性也比較高，太極棍將棍術的八面出擊特點與剛、柔、進、退融合一體，極具攻防價值。

太極球是太極拳的另一種鍛鍊器械，球為圓形，與太極拳走圓運化相契合。

運球時多鼓蕩丹田，以腰運勁，球繞周身，用來練習內勁內功，長期練習，可有效提高身體素質。

太極棍　王海洲演示

太極球　陳慶洲演示

作為練功的輔助工具，過去在一些拳家傳承中還使用一些獨特的器械練習方法，這類器械流傳不廣，只在嫡傳弟子中教授。如陳式太極拳家田秀臣所傳的「二棒子」就屬於這類。

隨著時代的發展，也產生了一些

陳式太極拳練功二棒子　田秋茂演示

太極扇

新的太極拳器械，新編了一些太極拳的器械套路，其中深受廣大群眾喜愛的一種太極新器械就是太極扇。扇子是具有濃郁中國文化韻味的日常用具，將其與太極拳的技法結合起來，就形成了風格獨特的太極扇。太極扇具有形式優美、簡便易學的特點，迅速在廣大群眾中普及開來。

拳諺說，器械是手臂的延長，練好太極器械關鍵在於練好太極手。「太極手不見手，全身內外皆為手」，所以練習各類太極器械，必須把器械納入與人體陰陽統一協調的一個整體系統。

器械的變化體現人體陰陽的變化，太極器械的練習也是建立在太極拳練習的基礎上，拳功、拳架精純，器械也就賦予太極韻味。同時還要掌握每種器械的主要特點，將其巧妙與太極拳式和勁力相結合，這樣太極器械方可得上乘功夫。

田秋信

　　因為器械本身它就是肢體的延伸，你的拳打得好，那麼延伸到你的器械上面，全都可以體現。不可以想像我只練劍練得好，拳打不好，這是不可能的。如果想練好器械，練好刀，首先你把拳打好，它的幾大特點才能充分地體現在你的器械上。

太極器械

歡迎至本公司購買書籍

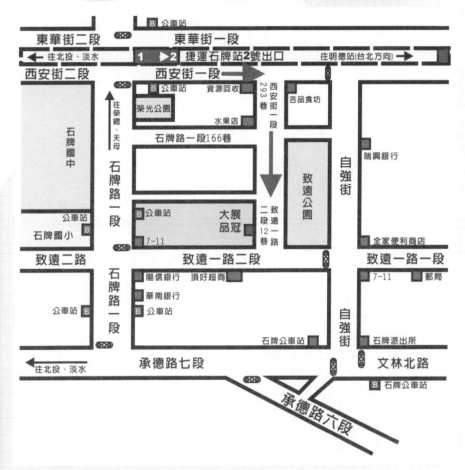

建議路線

1. 搭乘捷運‧公車

　　淡水線石牌站下車，由石牌捷運站２號出口出站(出站後靠右邊)，沿著捷運高架往台北方向走(往明德站方向)，其街名為西安街，約走100公尺(勿超過紅綠燈)，由西安街一段293巷進來(巷口有一公車站牌，站名為自強街口)，本公司位於致遠公園對面。搭公車者請於石牌站(石牌派出所)下車，走進自強街，遇致遠路口左轉，右手邊第一條巷子即為本社位置。

2. 自行開車或騎車

　　由承德路接石牌路，看到陽信銀行右轉，此條即為致遠一路二段，在遇到自強街(紅綠燈)前的巷子(致遠公園)左轉，即可看到本公司招牌。

國家圖書館出版品預行編目資料

太極拳的奧秘／余功保　編著
——初版，——臺北市，大展，2016〔民105.09〕
面；21公分 ——（武學釋典；25）
ISBN　978－986－346－126－5（平裝）
1.太極拳
528.972　　　　　　　　　　　　　　105011937

太極拳的奧秘

編 著 者／余功保
責任編輯／張建林
發 行 人／蔡森明
出 版 者／大展出版社有限公司
社　　址／台北市北投區（石牌）致遠一路2段12巷1號
電　　話／（02）28236031・28236033・28233123
傳　　眞／（02）28272069
郵政劃撥／01669551
網　　址／www.dah-jaan.com.tw
E - mail／service@dah-jaan.com.tw
登 記 證／局版臺業字第2171號
承 印 者／傳興印刷有限公司
裝　　訂／眾友企業公司
排 版 者／弘益電腦排版有限公司
授 權 者／北京人民體育出版社
初版1刷／2016年（民105年）9月
定 價／350元

大展好書　好書大展
品嘗好書　冠群可期

大展好書　好書大展

品嘗好書·冠群可期